イタリアのすっごく楽しい旅

はじめてでも、リピーターでも

タカコ・半沢・メロジー

知恵の森文庫

JN266077

光文社

この作品は知恵の森文庫のために書下ろされました。

はじめに

ヴェネツィア在住の日本人女性から電話が入りました。生涯の夢、目標としている翻訳家にむけての作業がなかなか捗《はかど》らない。現在の仕事（通訳、及びガイド）に縛られ、ジレンマに悩んでいる。そんな内容でした。

「でもね、弘美さん」と私。「弘美さん」とは彼女の名前です。

――いいこと！　翻訳はあなたの夢でしょ。諦めちゃダメよ。絶対に叶うって信じなくっちゃ。

そう伝えた私です。

しばらくして、彼女からファクシミリが送られてきました。

――そうですよね。夢は叶えるためにあるってこと、改めて気づきました。

ここはイタリア。ポジティヴ思考の国。夢は夢のままで終わらせちゃいけない。必ず叶うものだって信じなければ。そんなことさえスンナリと思えてしまう国なのです。

要するに、オプティミストな人生観が身についてくるのかもしれません。うん、悪くないな、この傾向。私はそう信じています。

昨今のライフ・テーマ(?)を「有言実行」としている私。これまた、イタリア暮らしを経ての極めてオリジナルな金言と言えるでしょう。

「不言実行」が麗句なのは事実です。「有言不実行」のオオカミ少年なんかでは、仕事はおろか、人づきあいだってスムーズに運ぶはずがありません。

でも、でも、思っていること、願いごとを口に出し、それを実践してしまうのってとても爽《さわ》やか。日々の生活に大きな弾みをつけることになるのでは?

そう確信したのは、友人夫妻の訪伊がきっかけ。二〇〇〇年の秋のことでした。

その何か月か前、日本に帰国。旧知の友人である倫子《ともこ》さんの家へ招かれました。

昔から食へのこだわり、造詣の深い彼女。ナチュラルな食材を大切にした料理をこよなく愛することでは右に出る者なし。和食はおろか、何回か旅した東南アジアの料理まで手作りしてしまうパッションには頭が下がります。

旬の味をなによりも大切にしたシンプル調理が身上のイタリア料理もまた、倫子さんの好みとするもの。帰国時のお土産リクエストもこうなります。

——イタリアのものならなんでもうれしいけど、食材ならなお幸せ。どんなものでもいいの。持ってきてもらえるなら、イタリアならではの品にしてもらえるといいな。

よって、ある時はバルサミコ酢、パルメザンチーズ、時にはシチリア産の塩、などといったぐあいです。

よろこんでくれるのは、御主人の健一さんもしかり。手作りの料理を供するジャズの店を営んでいます。料理のお味も、「わりといけるわよ」と、妻の倫子さんです。

健一さんと会ったのは、昨年の初夏が初めて。日本人離れした長身の美男ではありませんか！　うーん、いいオトコ。好みだわー、私。などと思ってしまいました。

あ、奥さんの倫子さんもまたいいオンナです。私に負けず劣らずの食いしん坊なのに、いつだって抜群のプロポーション。ずるいなー、とさえ感じます。

とにもかくにも、健一さんにポーッとなったからのみならずして、開口いちばんに伝えました。

――ぜひ、おふたりでイタリアへ！　楽しいこと、おいしいことがいっぱいよ〜お。

だって、倫子さんたら、イタめしに大興味なのに一度も来てくれないんですもの。いくら誘っても、いい返事とはなりません。

「行きたいんだけどね〜え……。ダンナがオーケーしないのよ。アジアならいいけど、ヨーロッパはイヤだって。一生行かなくていい、なんて言うのよ」

いいじゃん、いいじゃん、ひとりで来ちゃえば。そうプッシュしてもムダ。最愛の夫と旅したいのですね、あくまでも。美しいっ！

かくなるうえは、ダンナ攻撃しなければ。よーし、「イエス」と言わせるぞ、いつかきっと。心に誓った私です。一回や二回の誘いでは無理だろうけど、ギブ・アップはしないわ、承諾を得るまでは。

ところが、健一さんたら、まるでイタリア人のノリ。ごく当然のように、こう返しました。

――ええ、ぜひうかがいます。

これには、妻の倫子さんもビックリ、一瞬絶句。目を点にさせていました。

そして、二か月もたたない頃でしょうか。彼女からイタリアへ連絡が入ったのです。

――突然ですけど、九月の末、夫とイタリアへ行きます。気が変わらないうちに早速、というわけです。遅い夏休みをイタリアですごすことにします。

と、こんな文面のファクシミリが届いたのでした。

いいなー。この即決、そして実践力。これこそ「有言実行」のいい例ではないか。なんだかワクワクしてきました。

倫子さんいわく。

――あれはね、タカコさんのイタリアン・マジック。ヨーロッパには絶対行かない、と言い張っていた夫が、「ぜひうかがいます」なーんて答えるんだもの。奇跡よ、奇跡。

でも、ホラ、よくいるでしょ。「行きます」と力強く伝えておいて、口先だけの人が。むしろ、そのパターンのほうが多いみたい。友人夫妻はそうじゃなかったんですね。「行く」と言ったからには行くのよ。さもなければ失礼じゃないの、誘ってもらったのに。というのがふたりの考え。まっこと清々《すがすが》しい。久々の「人生、意気に感ず」を実感したものです。「有言実行」の深さを教えてくれた倫子さんと健一さん。さー、イタリア行きを決めてからもダイナミック。なんせ、初めての訪伊にもかかわらず、いきなり個人旅行しちゃおうという大胆さなのです。

好きだな、こういう勇断、行動力って。私でできることなら、なんでも協力しよう。そう思ったものでした。

が、結果としては、ふたりの探求心や好奇心、オープンなチャレンジ精神が大きな「勝利」をおさめた「初めてのイタリア」。これぞ個人旅行のお楽しみ、という数々を披露してくれることとなりました。

そうよ、そう、そうなのよ。イタリアのよさってそういうことなのよ。旅のガイド本には書いていないできごと、感動にも遭遇してのふたりの日々には、新鮮な発見さえもいっぱい。そうかあ、イタリアの本当の魅力ってこういうことなんだ、とわかってもらえるストーリーだらけです。

この書は、イタリアの「イキイキ旅行」をより楽しんでもらいたいために贈るメッセージ&

ガイド的なエッセイ。ガイド本には出てこないアドバイスなども登場します。イタリアへ行ったことがない人はもちろんのこと、リピーターの人にもお役にたてれば、との願いをこめて綴《つづ》りました。

では、アンディアーモ！（行きましょう！）

イタリアのすっごく楽しい旅　目次

第1章　みんなドキドキ、旅の始まり

第2章　田舎町めぐりこそ楽し

第3章　個人旅行の醍醐味

第4章 中世の街へのお誘い

第5章 ハプニングこそ旅の楽しみ

第6章　イタリアの旅にハマる

第1章
みんなドキドキ、旅の始まり

旅の計画、そして手配

「さー、出かけよう」。海外旅行、ましてやイタリアへの旅を決めたら、じっくり、タップリ、時間をかけて計画を練る、というのもひとつの方法。歴史と文化、芸術、スポーツ、ファッション、料理、などなど、豊かなカルチャーや興味のつきないイタリアだからこそ、事前にある程度の勉強、研究、調査をしていかなくっちゃ、という声が強い。

でも、「えーい、とにかく行っちゃえ!」というのもまた一興。極端なはなし、イヤイヤの旅だってかまわない。訪れてみれば、それまでのイメージ、考えが一転。なんらかの魅力にハマり、大好きな国になることだってあるのだから。

いい例がこの私。詳細は『「チャ〜オ!」がいえたらイタリア人』(祥伝社)に執筆ずみだが、海外旅行は毛嫌いしていた。ましてや、お気らく、アバウトな印象ばかり強かったイタリアを旅しまくろうなどとは想像もしていなかった。

たまたま行くことになった海の外、そしてイタリアの旅を体験。以来、リピートすることになり、果ては今や生活滞在の身。人生なんて本当にわからない。だからこそ楽しい。マイナスとなるチャレンジなんてこの世にはないのだと痛感する。

よって、初めての海外旅行をグループツアーとしてもまたよし。フライトからホテル、観光、食事まで、すべてがセットされたツアーは苦労いらずだ。

特に、ごくごく割切って、格安のグループツアーに参加したっていいだろう。「最初の旅だ。まずは下見」ぐらいの感覚で出かける。フリーな行動、好みの食事を満喫することなんて期待してはいけない。みんなでいっしょに、ごくマニュアル的に移動、観光してこそのエコノミーなツアーなのだから。

「いくら初めての国でも、そんなツアーは願い下げ」というのなら、フライトとホテルのみパックのフリータイムのツアーをすすめたい。人気のイタリアだ。各都市のステイ型もバラエティ豊か。自分の希望する都市を組んでくれる旅行社も少なくない。

けれども、都市の制限はあるし、好みのホテルへ宿泊が叶うとは限らない。

たとえば、倫子さんと健一さんのイタリア十日間の旅は、こんなコースだった。

コモ湖（二泊）→ベルガモ（二泊）→ミラノ（一泊）→ルッカ（二泊）→ローマ（二泊）。なかなかユニークなコースでしょ。個人で組んだものならでは。初めてのイタリア旅行としては大胆なプランニングとも言えるけど、要は、「えーい、行っちゃえ！」の心意気が大切。そして、「どうせなら、自分たちだけのコースにしちゃおう」の迫力あるチョイスこそが旅の始まりを「元気」にする。

私という旧知の友がいるにもかかわらず、倫子さんは自力でのホテル予約にトライした。そうなんですね。ホテルの手配も旅行前のワクワク要素。ファクシミリだろうとメール、その他の伝達手段だろうと、自らの力でコンタクトをとることのスリリングさ。これって、やってみなければわからないことだけに興がわく。

せっかくの個人旅行。その場、その時の状況、好みにあわせ、現地でとるのもいいんじゃない？　そんな意見もあるでしょう。確かに！　私も昔はやりました。若い頃は、ほとんどが「現地調達」。裏道にひっそり佇《たたず》む穴場的ホテルに泊れた時の快感たら。「やっぱりねー、プライベートの旅ならでは！」となったものだ。

ただし、到着が早い時に限るだろう。夜のホテル探しは容易じゃない。身の危険と同時に、暗がりではホテルの良し悪しの判断も定かならず。基本的には封建的な慣習の残るイタリアだ。田舎などになると、フラリと夜遅く飛びこんできた女性ひとりの客を訝《いぶか》しがらないとも限らない。

ましてや、日本からイタリアへ到着のフライトは、ミラノ、及びローマ空港ともに、夜間帯となるのがほとんど。最低、初日のホテルだけは確保しておきたい。

大都市のホテルだと、日本の旅行代理店などが予約を受けてくれる。イタリアは日本人旅行者が多いせいだろう。個人客でも団体扱いの料金にしてくれるホテルもあり、日本から予約したほうが得策だったりする。

ミラノの北西、四十数キロの地にあるマルペンサー空港着の倫子さん夫妻。当然のごとく、ミラノのホテルをキープすべく、代理店に依頼した。ところが、国際見本市の開催が続く秋のミラノ。めぼしいホテルはすべてが満室状態。「一泊四万円ならとれなくもない」と言われ、「冗談じゃない！」となった。

そこで初めて、我が家にＳＯＳ。「どうしたらいいの？」と尋ねられ、こんな提案をしたものだ。

――マルペンサー空港からそう遠くはない保養地はどう？　マジョーレ湖とかコモ湖なんてけっこういいわよ。

――エーッ、コモ湖？　行きたかったのよォ。でも、そんなに近いの？

――より近いのはマジョーレ湖のほうだけど、コモ湖だってメチャ遠いわけじゃないわよ。ミラノ市内へ行くのとそんなに変わらない。日本円にして、一万円くらいのタクシー代よ。

わー、いいわ、いいわ。コモ湖にしよう。でも、ホテルがわからない。どこか予約してもらえるかしら？

と、こんなぐあいになったのでした。

初めてのイタリア、しかも到着したその日に、いきなり高級リゾート地のホテルに泊る。なかなかおしゃれでございましょ。こういうのができちゃうのも個人旅行のワガママさ、ぜいたくさ。ディープな旅への足がかりともなる。

ミラノの場合、見本市の他に、「ミラノコレクション」がある。春と秋に開催のファッションショーだ。これらが重なると、三つ星以上のホテルはほぼ満室。かなり事前に予約しておくテはあるけど、料金がハネ上るのもふつう。

だったら、到着日はミラノ市内じゃなくてもいいではないか、というのが私の考え。だいたい、マルペンサーは「ミラノ空港」となっているが、ミラノ県内にあるのではない。隣りのヴァレーゼ県に位置している。成田にあるのに「東京国際空港」と呼ぶのと同じだ。なにがなんでもミラノ泊、という固定観念は捨て、空港と同県のマジョーレ湖、隣県のコモ湖などへの宿泊も考慮に入れたい。

逆のパターンが真夏。見本市やコレクションがなく、半砂漠化した街を歩くのはツーリストのみ。こんなシーズンには、五つ星のホテルだって大幅割引きをするところがある。ふだんなら予算オーバーのデラックスなホテルが、中級ホテルなみの料金で泊れてしまう。ローマもまた同様。多くの五つ星ホテルがサマープライスへとダウンする。

ヴェネツィアだと冬が割引きのシーズン。クリスマス、新年以外には、約半額となる超高級ホテルまで出現。昨年、このウィンタープライスに味をしめた私は、今年もまた、ともくろんでいる。

こういった情報、フレキシブルなシステムは、ガイド本や観光局ではなかなか入手できない。最も好ましいのは、ホテルへ手紙やファクシミリで直接問い合わせること。英文でけっこう。ストレートに、「この時期の割引き、あるいは特別プラン料金はありませんか？」と問い合わせよう。「あなたは特例です」のサービス料金にしてくれることだって少なくない。

「イタリアはルーズ。いくらホテルに問い合わせても、なかなか返事がこない」との声も聞く。そんなホテルは宿泊にふさわしからず、と判断すべし。返信を待ったり、催促を重ねるにも値しない。サービスの行き届かないホテルの証拠なので、すぐ他をあたることだ。いくらイタリアだって、キチンとしたホテルは、すみやかに返答をよこす。

倫子さんが直接とったベルガモのホテルがまさにそれ。二つ星ながら、即返答ファクシミリ。「料金はツインで十二万二千リラ（昨年のレートで約六千円）。朝食は別料金だけど、いる？　何時頃の到着？　午後？　それとも夜になる？」なんていうアットホームな文面が記されていたという。

——それだけでもうニッコリ。わー、旅の始まりだ〜。楽しくなりそう、っていう気がしたわ。

イタリアに到着したら

空港、及び主要の駅着でイタリア入りとなるのがほとんど。空港からはシャトルバスや専用列車で市内入りするとしても、ホテルまではタクシーを利用しなければならない。これがまあ、実にイタリアン。「こういうのって、他国にはないよなー」とあきれ返ることがいくつか。

その① 有料のキャリー

ミラノ・マルペンサー空港では、荷物運搬のキャリーにお金が必要。二千リラ（約百二十円）なり。驚きますね、これには誰でも。なんだってそんなことしなきゃいけないわけ？どこの空港に有料キャリーがあるっていうんだ！　悪評高いこと言うまでもなし。だいたい、リラへの両替をしていない人だって多い。替えたとしても、千リラ、二千リラの細かい札があるわけでもなし。「どうすりゃいーんだぁ」と憮然としているストラニエーリ（外国人）をよく見かける。マルペンサー着の場合は、「キャリーなんかあてにしない」の覚悟で臨みたい。

その② 白タクの怪

いつまでたっても、いっこうになくならないのが白タク。いわゆる「もぐりのタクシー」で、正常料金の二〜三倍を請求される。

特に数多くたむろしているのが、ローマのテルミニ駅。タクシー乗り場で順番を待っていると、若干ヨタった風情のオヤジたちが声をかける。「タクシー」「タクシー」とダミ声で叫ぶことが多い。始末の悪いことに、正規のタクシーと同型車、同カラーにしている昨今。遠目には、タクシーのマークさえ同様に見える。

こういうのを放置しておくイタリア政府、そしてローマ市役所というのが不可解。なぜ検挙しないのか。真面目に働いているタクシーの運転手だって、強く抗議すべきじゃないか。「俺たちの仕事の妨害をするな」と。

最近は国際線があまり到着しなくなったミラノ・リナーテ空港にも白タクが多い。つい先日の六月下旬にもワンサと見かけた。タクシー乗り場の長蛇の列にウンザリの中国人。「タクシー」と誘う白タクのオヤジに声をかけた。「××まで、だいたいいくら?」。チンケなニセ料金表を取り出し、調べるふりのオヤジ。「××リラだね」と告げる。「ツー エクスペンシヴ!」。そう言って中国人は断わった。

英語かイタリア語でも解すならともかく、ヘタに声などかけないのに限るのが白タク連中。

いくらエンエンと待つことになろうと、必ずタクシー乗り場を利用しなければならない。「時は金なり。急いでいるからしかたがない。二〜三倍の料金になっても早く目的地へ着きたい」などと考えるのもまずい。相手はアウトローのオジさんたち。お金だけではすまないことだってあるかもしれない。

その③ クレージーなハイスピード

すべて、とは言わない。パーセンテージにしたら「半分以下」でもあるのだろう。しかるに、F1なみのハイスピード、かつドライブ法に徹するタクシーの運ちゃんというのが多いのもイタリア。

「ヒェ〜イ!」と度肝を抜かれるのは海外からの客のみ。イタリア人だと、まず驚かない。「この国の運転はこんなもの」と知っているから。かえって、ノロノロ運転に不安を抱く。そう、「流れに乗れないドライブ」として危険感を持つ。

外国人からしたら「クレージー」と思えるスピードや運転のタクシーに乗っても、むやみな絶叫は好ましくない。「キャーッ、キャ〜ッ、こっわ〜いっ!」などとわめくのはタブー。ドライバーをさらにエクサイトさせることになりかねない。

大丈夫! 心配は無用。この国では、タクシーの運転手による事故はきわめて少ない。こちらからしたら乱暴な運転に他ならなくても、きっと無事に目的地まで運んでくれる。

　倫子さん夫妻も体験ずみだ。

——空港から乗ったタクシー、すごかったのよお。我々の荷物をワゴンカーの後ろに積み込むや、ブインと発車。カーナビをつけたマニュアル車のフィアットで、コモ湖めざしてブイブイ。高速の合流時点でも乱暴に割り込んじゃってね。自信ありげにブレーキも踏まないでギアチェンジ。時速百六十キロときてるんだからビックリよ。

　これだけではすまなかった。インターチェンジを降りると、次はコモ湖へ向かう一般道。しかも、山道ときている。右手に湖、左手に迫りくる山となった曲がり道が続いてもスピードを落とさない。

「おー、やってくれるじゃん。お手並拝見といこうじゃないの」と開きなおるしかなかったそうだ。これ、これ。イタリアでは、このリアクションがいちばんです。

　ところで、ホテル到着どきが夕刻の六時すぎとなる場合は、次の注意が必要。
●あらかじめ、六時以降の到着を知らせておく。ファクシミリやメールに、だいたいの到着時間を記して送る。
●六時前に着く予定が、なんらかの事情で遅れたら、必ずその旨連絡を入れる。
　イタリアでは、通知なくして六時までにチェックインが行なわれなければ、宿泊のキャンセルをしてもいいことになっている。「堅いこと言いっこなし」「マニュアルのみではない柔軟性がいっぱい」の国なのに、このチェックインのルールはけっこう守る。

連絡ひとつ入れず、六時以降にホテル着した日本人数人。みごとにキャンセルされていて、フィレンツェの夜、路頭に迷うこととなる。ごく不便な郊外に宿を得たのは、明け方近いことだった。

到着の時刻はキチンと伝えた。これで安心。などと考え、予約の確認書も持たずにホテル入してはならないのもイタリア。たとえ五つ星のホテルでも、「エッ、ありませんよ、お客さまの御予約」。なんてことだって言われかねない。

そんな時、余裕の笑みと共に、ジャーンと出すべきなのが確認書。「フッフッフー、じゃあ、これはなんでしょうね〜え」と。「ハー、確かに……。誠に申しわけございませんでした。今すぐお部屋をご用意いたします」になる。

コモ湖などの風光明媚なリゾート地などでは、部屋の指定を事前にしておきたい。やはり、湖側をとるべきだろう。そういった事項もファクシミリやメールなどに記入してもらうのが理想。海や湖を眺めるホテルなのに、駐車場側の部屋だった、などというのは淋しすぎる。必ずパノラミックなルーム指定をしておこう。

倫子さん夫婦のために予約したコモ湖のホテルは、イタリア人客の多いプチホテル。「サン・ジョルジョ」という三つ星だ。もともとはオリーブ工場だったというホテルには、以前から泊ってみたかった。ところが、二十六室のみ。予約の電話を入れるたびに、「ミ　ディスピアーチェ、マ……（残念ですが……）満室なんです」の答えが返ってきた。

取材、その他の仕事でコモ湖を訪れた時は、いつも五つ星のヴィッラ・デステ泊。豪奢きわまりない建て物、敷地が、「いいんだけどね〜」のホテルです。スタッフがややスノッブなモードだし、昨今では成金ふうの宿泊客もかなり目につく。風雅なリゾート地にそぐわない派手さも気になる。リッチなグループツアーもウェルカムのホテルなのでさもありなん。プライベートな旅では避けたい、と思ってしまう。

なにかの記事で目にしたサン・ジョルジョなら、本来のリゾート地の姿が残っていることだろう。小さな村にあり、周囲には個人の別荘も点在しているらしい。

幸運にも、倫子さん夫妻の部屋は確保できた。しかも湖側の最上のツインルームをとってくれるという。その旨、ファクシミリに記してもらい、彼女に転送した。その時、こんな文も添えた私。

――お食事はどうする？　ハーフボードにする？　それとも、外で食べる？

すると、「ハーフボードってなに？」の質問が入ったものだ。

いけない。知ったかぶり、旅行通ぶりっこはするものじゃない。キチンと説明しなくっちゃ。

大反省の私だった。

Half boad《ハーフボード》とは、一泊二食付き、という意味。リゾート地のホテルによく見られるシステムだ。日本でいう旅館のようなものですね。二食付きは、朝食に昼食、あるいは夕食、ということ。宿泊客へのサービス的なランチ、あるいはディナーとなるため、いくらか割安なことが多い。

三食付きはFull boad《フルボード》。朝、昼、晩、しっかり食事がつく。近くにレストラン、その他の食事処のない避暑、避寒地のホテルによく見られる。また、長期滞在者向けに、割安料金としてのフルボードを提供するホテルもある。

ちなみに、イタリア語だと、ハーフボードが、Mezza pensione《メッザア ペンショーネ》、フルボードは、Pensione completa《ペンショーネ コムプレタ》となる。ペンショーネとは、本来、「下宿」とか「下宿代」の意味。単独使用だと、「民宿」を指すこともある。英語のB&Bみたいなところです。

民宿にしろ、B&Bにしろ、当たりハズレが生じるもの。イタリアのペンショーネも同様。ファミリー経営によるあたたかさでホスピタリティーを充分に示してくれる気持ちいい宿なら、どんな高級ホテルよりも快適だ。反対に、「安かろう、悪かろう」のお粗末なペンショーネだってないとはいえない。感じはすこぶるいいものの、「いくらなんでも……」の小汚なく侘《わび》しい宿だってある。

ペンショーネに限っては、直接訪れてからの宿泊、あるいは口コミ的な情報を得たうえでの予約をおすすめしたい。

良いペンショーネに当たれば、ごくファミリアルな接待を受けるのもこの国。二回、三回と滞在しているうちに、自分の別荘みたいな存在となってしまう。いつも最上の部屋を与えられ、昼食や夕食は経営者といっしょ。「いいのよ、支払いなんて。アンタはウチの子供のようなものなんだから」。

これがイタリア。今どき珍しい人と人とのふれあい、人情ストーリーがあちらこちらに存在する国なのだ。

リゾート地にてイタリアン

現在の居住地ベルガモに住む前は、トスカーナ地方で暮らしていた。フィレンツェからバスや列車で一時間弱のモンテ・カティーニ・テルメという温泉保養地。イタリアでいちばん、いや、ヨーロッパでもトップスリーに入る高級リゾート・テルメ（温泉）だ。

参考までに、他の二か所をあげておくと、ドイツのバーデン・バーデン、そして、フランスのヴィシー。どちらも訪れた私だが、優美な豪華さ、高い芸術性、自然とのみごとな調和、などなど、すべての面で最も秀でているのがモンテ・カティーニ・テルメだと感じる。

古代ローマ時代から、皇族や貴族に愛されたテルメゆえ、ひところまでは高級な社交場だった。グレース・ケリー、オーソン・ウェルズ、ジバンシー、その他の有名人も常連として足を運んだ。

今でこそ一般ツーリストの姿も見かけるが、公園内にあるテルメのゴージャスさはお城以上。エステも兼ねてのリゾートをすごす女性たちも少なくない。

こういうところは、朝方がまたチャーミング。緑豊かな木々の中で、色とりどりに咲き誇る花、花、花。空気はどこまでも澄み、夏でさえ風は涼やか。愛らしく囀《さえず》る小鳥は耳にやさしく、生きている悦楽を誘ってくれる。プリマ　コラツィオーネ（朝食）が大きな幸せタイムとなるひとときだ。

やはり高級なリゾート地でもあるコモ湖の朝もまた爽快。アルプスの山々をバックに、大きく広がる青緑色の湖面を臨みながらの朝食がとれれば文句なし。「これだけで充分！　他の観光なんか必要ない」という気分にさえなるだろう。

コモ湖には、こんなロケーションに恵まれた大小のホテルが数多く点在する。倫子さん夫婦の泊った三つ星もまたしかり。湖にむかって敷地が続いている。

——朝の八時近くだったかしら。シャワーを浴びてベランダに出ると、突然、焼きたてのパンの香りが漂ってきたの。スウィートな香ばしさがプーン。「うー、これはたまらん！」と思ったわね。急いで身仕度。ダイニングルームにかけこんだわ。

スマートにセッティングされたヴュッフェ形式の朝食は、「シンプルだけど、とても気分のいいもの」だったとか。三種類のフレッシュジュースにミルク、生ハム、サラミ、フルーツサラダ。クロワッサンやバターロール、固めのイタリアンパン、グリッシーニ。そして、コーヒーやカプチーノ、紅茶、その他好みのホットドリンクがつく。

卵料理、その他のメニューも加わる英国式ブレックファースト、日本の旅館での朝食に比べると、リッチさやバラエティに欠ける印象を受けるかもしれない。

でも、個人的には、こういったイタリアのプリマ　コラツィオーネが好ましい。絞りたてのジュースに、生の果物ばかりで作ったマチェドニア（フルーツサラダ）、そして焼き上げたばかりのパンがあれば、これ以上のごちそうなしと実感する。

特に逸品がフルーツサラダ。日本のイタリアレストランでもメニューに登場するマチェドニアだが、食後のデザートより甘さを控えめにしてあるのがふつう。砂糖をいっさい加えず、レモンのみで処理していることも多い。コモ湖のホテルの朝食でも、この味つけだったとか。

――ちょっとしたカルチャーショックだったわね。生のフルーツばかりなんだけど、レモンのみの調味。ブルッとするくらいの酸っぱさがなんとも新鮮なの。いかにも「朝のサラダ」という感じだった。

太陽の国イタリアでは、一年中、各種の果物にこと欠かない。旬のフルーツを利用してのマチェドニアこそ、この国を代表する幸せなデザートと信じる私。何種類もの果物をカットして、混ぜあわせることなく単独に並べてあったりする朝食メニューもまたいい。味覚のみならず、色どりの鮮やかさも朝のよろこびを与えてくれる。

日本でも、缶詰のフルーツを出すのはやめてほしいなあ。せめて朝食だけでも、オール・フレッシュにしてもらえないものだろうか。とは思うものの、帰国のたびに驚く果物のプライスの高さ。イタリアのホテルのように、数種類はおろか、十種類近くもの生果物を出していたのでは、宿泊代より高くつく朝食になってしまうことだろう。

ともかく、イタリアでは、ヴュッフェ形式のホテル体験を強くおすすめ。予約の際に確認してみよう。宿泊料に含まれているところと、そうではないホテルがある。四つ星、五つ星の高級ホテルでは、バカ高い別途朝食プライスをつけているところも多い。五千円近い料金だって珍しくないのだ。

よって、朝食も込みのパッケージ料金を設定してもらうのもひとつの方法。季節、あるいは週末のスペシャルプランとしてよく用いられるが、その他の場合も問い合わせてみたほうがいい。

いくら高級ホテルでも、朝食に五千円だなんて……。ついそう思ってしまう。仕事上での宿泊でも、必ず割安となる「込み」料金を尋ねることにしている。

バカンス、ことにリゾート地での朝食は、のんびり、ゆったり、長時間かけて楽しむことが多い私。時間の許す限り、グターッとお昼近くまですごすことにしている。近ごろは、庭のみならず、ルーフガーデンでの朝食を設けるイタリアのホテルが増加中。日本をはじめとする他国ではなかなか味わえないモーニングタイムを満喫できる。

「イタリアの朝食に親しむ旅」、などというのもいいのではないだろうか？　都会の喧騒でストレス漬けとなった現代人にもってこいのツアーとなる気がする。

初めてのイタリア旅行ともなると、そうはいかないのが人情。あそこも、ここも、と気が募って当然。ましてや、スイスが目の先のコモ湖滞在ならなおさら。倫子さん夫婦も、早速、スイスのルガーノ湖へ向かうべくホテルを出た。日帰りの旅、です。

どうも、私の発言がきっかけとなったらしい。

――コモ湖って、スイスに近いのよねー。車や列車ですぐ着いちゃう。国境ぞいの街なのよ、コモは。

などと告げたようだ。それを覚えていて、「そうか、スイス、ね。いいじゃない。ちょっと行っちゃおうか」。なにしろ、御主人の健一さんは、バリバリの山男、かつ自動車大好き人間。アルプスの山道をスイスまでドライブ、の魅惑たっぷりのコースにすぐのってきた。

交通機関はバスを利用と決定。まずは最寄りのバス停近くへ行くため、湖を船で移動。メナッジオというところへ向かう。ちょっとした湖上観光。ガイドブックに記してあった注意を守り、上着持参で大正解。湖は肌寒いので、船上の旅には必需となる。

でも、ここはイタリア。寒さ承知で、Tシャツに短パン姿の観光客カップルも少なくない。こんな情景を、しっかり目撃した倫子さんだった。

震える彼女を抱き寄せて、暖ためてあげる彼。「男はかくあるべき」とばかりに、誇らしげなアモーレ表示のひととき。彼の腕に身をまかせ、愛の「暖」に心酔の彼女――。

——ヨーロッパよねー、イタリアだわ〜、と思った。上着持って行くのもいいけど、あれはあれでまたニクイ。なんか、いいな。

メナッジオの桟橋に船が到着。早速バス停を探すが見つからない。ここがまあ、イタリアのアバウトなところ。観光地であっても、交通機関の便宜が徹底していない。案内図などもさほど見かけないし……。ウロウロと探していては、どんどん時間が経過するのみ。近くの店、あるいは人に尋ねるのがいちばんだ。

通りすがりのお兄ちゃんに、「ミ　スクージ（すみません）」と聞いた倫子さん。大多数のイタリア人はやたらと親切。日本人観光客ならなおさらで、「んーと……、あっちに行って……」などと説明してくれているうちに、「えーい、メンドーだっ。ついといで」となる。

バス停まで案内してもらったものの、ちょうど発進した直後。ハアハア、ゼイゼイ。「行っちゃったよ〜お……」。

——するとね。バス停にいたオジさんが聞いてくるの。「ルガーノ？」。「イエース。ルガーノ！」。「次のバス停はあっちだ。全力で走って、バスの先に回りこめー。行けーっ！」みたいなこと言うじゃない。「ガッテンだー」とダッシュしたけど、すぐT字路。わーん、どっちへ行けばいいんだぁ。迷って佇む我々の目の向こうを、左の小径から出て来たバスが去って行く。次のバス停を知るわけもない日本人の観光客に「走れ〜！」と叫んだオジさんもナンだけど、素直に従った私たちも私たち。なんかおマヌケなひとコマよね〜え。
まあ、いいさ。スケジュールぎっしりで行動のグループツアーではない。こんなシーンがあるからこそ、後々の思い出となって残る。ちょうどお昼どきだ。ゆっくりとランチタイムをとることにしよう。そうなった。
観光地での「ツーリストメニュー」には期待しないほうが無難。パスタとメインディッシュ、ミネラルウォーターかハウスワインがついて千円ぐらいのお安さながら、あくまでも作り置きがメイン。アル・デンテのパスタは出てこないし、和牛や地鶏の類《たぐい》もサーヴされません。
それでも、「腹立たしいほどのマズさ」というほどではないのも確か。千円にしては、メニュー内容もけっこう充実している。たとえば、倫子さんたちがコモ湖で食べたのはこんなぐあい。
夫　アマトリチャーナ・ニョケッティ、ビステッカ（ビーフステーキ）にローズマリー風味のオーブン焼ポテト
妻　スパゲティ・アル・ポモドーロ、七面鳥のローストとフライドポテト
これに、ひとり四分の一リットルのハウスワインがついてくる。ソースがきっちりしていた七面鳥はまあまあ。歯ごたえのありすぎる牛肉もそれなりに滋味深い。ポテトなんか、実にカリッと揚がっていて、なかなかのおいしさだった。スパゲティがうどん化していたのだって許

せちゃう。となるようです。

アル・デンテのパスタ、本格イタリアンのお味を満喫したかったら、観光客相手のみではないレストランやトラットリアへ行かなければならない。コモ湖のようなリゾート地にだって、土地っ子でいっぱいの店は必ず存在する。ホテル、タクシーの運転手さんなどに尋ねるといいだろう。

ただし、一食千円の支払いですむなんてことはありえない。ワインも頼めば、ひとりトータル、最低でも三千円くらいはとられる。平均五千円。格式のある店では、一万円以上の覚悟が必要だ。

毎回、そんな食事、できます？　金額もさることながら、時間的にも難しい。作り置きなど皆無なぶん、サーヴにもスピーディーさは望めないからだ。どんなに短かくても、二時間はみておかなくてはならない。

それは困る。さりとて、ツーリストメニューもイヤ。そんな人には、バールでのパニーニをすすめたい。イタリア版サンドイッチであるけれど、生ハムやサラミ、モッツァレーラ、トマト、その他、具だくさんなものを作ってくれる。どのバールでも、ビールやワインを置いているのも便利。スプマンテだってちゃんとある。

パニーニを食べたあとは、エスプレッソをグイッと飲み、ついでなので食後酒としてグラッパなども頼んだっていい。

こんな食事なら、千円はおろか、数百円くらいですんでしまう。イタリアのバールって、コーヒーのみを飲む場所にあらず。立派なランチタイムだってすごせるのだ。

バスに乗り遅れたおかげで、のんびりと昼食をとることができた倫子さん夫妻。いよいよスイスだー、バスに乗るぞー。とその時、夫の健一さんがポツリ。

――イタリアってそういえば、バスのチケットは近くのバールかなんかで買うらしいよ。ガイドブックに書いてあったな～あ。

なんだって～？　早く言えよー。バールへ行ったら、「ウチじゃない。角の新聞屋だよ」。ハーッ、焦る。イタリアの乗車券って面倒なものね～え。

と嘆くのは倫子さん。そう、実にやっかいなのがバスのチケット。車内では売られていないし、バス停近くのバールにて販売とも限らない。各地、各町、実にさまざまなシステムをとっている。

これ、旅行者にはたいそう不便。イタリアって観光の国じゃないか。なんとかしろよ。もう少しシステム化しておくれ。そう叫びたくもなる。

初めての町で、チケットの購入がわからない。時間的に探し歩く余裕もなし。そんな時には私、もう、乗っちゃう。チケットぬき。実質上の無賃乗車。

　だって、チケット売り場が見つからないんだもん。買う意志はちゃんとあるのに……。これって、バス会社がキチンと組織だってない弊害でしょ。抜きうちで調べが入るらしいコントロールにあったら言ってやる。「どうすりゃいいってわけ？」と。未《いま》だもって、そのような係員に出くわしたことがないため、どのような結果となるかは不明のままだ。

　もし、バス停に人がいたら、チケットを譲ってもらうのも一案。あらかじめ何枚かキープしているイタリア人が多いからだ。乗車券は「ビリエット」。な〜に、こちらは観光客。文法をふんだイタリア語を話さなくてもかまわない。「ビリエット？」と問いかければそれでよし。持っていれば売ってくれるし、なければ「ノン　チェ（ないよ）」の答えが返ってくる。

　売ってくれたとしても、行き先によってチケットが違うでしょ。かえってややこしくなりそう……。そんな疑問、不安は実に日本的。イタリアなんです、ここはイタリア。乗ってしまえばいいのです。万が一、コントロールにひっかかったら、毅然とありのままを伝えるのみ。

——イタリア人から譲ってもらった。

　英語でよろしい。相手がなんだかんだと言ったら、「わからない。全然わからない」と主張。「しょうがないなあ、ガイジン観光客は」となることだろう。

　チケットを購入。スイス行きのバスに乗った倫子さん夫妻。ここでもまた、スリリングなアウティスタ（運転手）のドライブを楽しむことになる。

私にも体験があるけど、コモ湖からスイス領のルガーノへ向かうには、つづら折りになった細い山道を走らなくてはならない。一方通行にすべきとしか思えないスリムな道幅だったりする。なのに、スイスイと、けっこうスピーディーに運転し続けるのはやはり驚異。ドライビングセンスによるものとしか思えない。

けれども、そこは細い山道。滞って進まないことだってある。と、健一さんは言ったそうだ。

——やっぱりなー。他人のこと考えない運転って、日本でもたいてい女だけど、イタリアも同じ。やっぱりそうだ。さっきから見てるけど、みんな女だもんなー。

この話を聞いた時、思わずガハハハ、と大笑いしてしまう。なぜって、こっちの男性も、皆同様の発言をしているから。常時運転をしている男性こそ、より強調して発する。私のフランス人の夫もしかり。「チェッ、また女だよ。まったく、女の運転ときたら……。迷惑ドライバーは、いつだって女に決まってる」と。

「いつだって」と言うのは賛同できないものの、「それはないんじゃない?」という運転は、残念ながら女性に多い。フェミニストではないせいだろうか。この「事実」は素直に認めてしまう。

レイモンド・チャンドラーの『プレイバック』のなかに、こんな一節がある。

——女が運転がうまい場合には、その女は完全に近いといってよかった。

　結局、同じなのねー、世界中どこでも……。

　スイスでした、スイス。国境では、いちおう検問所がある。地続きの隣国ながら、スイスはEU諸国ではないため、今でも税関の検問が設置されている。イタリア語の税関は、ドガーナ。スイスのルガーノではイタリア語が共用語となっているので、やはり同じ。

　難民やドラッグ、マフィア関連の出入りにはピリピリしているスイスとイタリアのドガーナではあるけど、観光客にはいたって寛容。イタリアからのバスとて同様で、係員が車内をチラッと見わたすのみ。パスポートの提示すら求めないのがふつうだ。

　けれども、パスポートの不所持は絶対に禁物。他国に入るのだから、コピーではないホンモノの旅券を持ち歩くように規定されている。

　ごく稀にではあるものの、パスポートを求められることがある。所持していなかったら、スイスへの入国は完全に拒否。バスや列車から降ろされてしまう。「規制違反」ということで、税関にて足止めをくうこともあるくらいだ。

　ついでなのでふれておこう。スイス人というのは、法律恐怖症というか、法律コンプレックス、シンドローム症的な面をもっている。これは、イタリアの国民性と異にするところ。隣国でありながら、実に異なるのも面白い。

　何年か前のルガーノでのできごと。駐車場に止めた我々の車の後方にぶつかったスイスナンバーの自家用車。事故や破損には至らなかったが、車中にいた私には大きな衝撃を得るくらいの運転ミス。後部を調べていると、運転していた初老のスイス婦人と目があう。まるでフランス人のようにフテブテしく（？）、謝まりの言葉がない。その厚顔さはなに？イタリア人ならこんな態度はとらないな。そう感じた私は、すぐさま彼女のカーナンバーをメモしにかかった。

すると、急にうろたえた彼女。近くにいた警官を呼んできた。

――この人、私のナンバーをメモしてるんですよォ……。

泣かんがごとく訴えるではないか。おー、いい根性。くだんの警官に、事実を説明してあげた。警官だってバカじゃない。すぐ事情を察し、老婦人に告げる。

――そりゃ、謝まらないあなたがいけない。この御婦人（私のこと）のおっしゃるとおり。訴えられたとしても当然ですよ。

そこで初めて、「ミ　スクージ」の言葉となったのだった。

ことほどさように、スイス人は法律に弱い。車が全然通らないのに信号を守っているスイス人に驚いた、というのは倫子さん。そうなのよー、スイスだからね、と私。イタリアなんか、車が通ろうと、赤信号だろうと渡っちゃう。「危ないわよ～お……」と叫ぶ私に、近所のオバさんはこう返す。

――なんで？　車のほうが歩行者に注意すべきなのよ。あたしゃ、車なんか見てないね。渡りたい時、自由に渡るよ。

ハーッ……。世の中、ちょうどいい、ということがないんだな。そう思い知る。

コモ湖のホテルと食事情

昨今の日本人、特に女性の憧れの地のひとつがコモ湖と聞いている。親しい友人や知人のなかにも、「コモ湖へ行きたい」派が多い。何度かイタリア旅行している女性ならなおさら。「次はぜひ！」との希望が強い。

実際に願いを叶えた人たちもずいぶんいる。タカコ後援会の会長サンとも呼べるほど拙者を応援し続けてくれるOさんもそのひとり。二〇〇〇年の春、いっしょに日帰り旅行を楽しんだものだ。

すっかり気に入ったOさん。今年の訪伊でも、またコモ湖行き。親族と共に、二度目の湖畔をそぞろ歩いた。

「いつかコモ湖に滞在したい。二、三泊できるといいわねえ」。これがOさんの口ぐせ。常にミラノに宿泊。日帰りの旅しか体験していないのだ。

その点、いきなりコモ湖泊してしまった倫子さんたちって痛快。イタリア旅行の場合、リゾート地はリピートの時になるケースが多いのに。

私のちょっとした言葉からチョイスしたコモ湖滞在ながら、果して正解だったか否かは不明。

イタリアにあっては、「落ちついた大人のリゾート地」なので、一般的イメージのラテンムードはごく薄い。ましてや、中級クラスのプチホテル泊。そんなにお金持ちではないけれど、教養のありそうな都会人などがリラックスするために滞在している。

——いかにもカルチャー豊かな大学教授みたいな夫婦とか、ミラノでバリバリに活躍しているようなシングルのキャリア・レディ、なんて感じの人たちばかり。ディナーの時も、抑制した声で会話して、ごく静かに食事をしてるのね。ホテル内のパブリックスペースにはテレビがあるのにスイッチ・オフ。ちょうどサッカーのヨーロピアン・カップの最中だったのに、よ。図書室のようなコーナーから本を取り出して読んでいたり、トランプをしている品のいい老人たちもいたわ。けっこう長期間滞在の客も多いようだけど、「退屈」せずに退屈を楽しんでるって感じね。

北イタリアには、こういったリゾート地が実に多い。オーストリア国境近くのドロミテもまたアダルトな情景が漂う。三年前に泊ったホテルも、コモ湖のプチホテルと似たりよったり。誰もが低く小さな声で会話しながら食事をしていた。

これもまたイタリア。そしてイタリア人たち。「明るく」「元気で」「騒がしい」は、ステレオタイプのイメージにすぎない。その地、状況によっては、スノビッシュとも言えるノーブルな雰囲気の場所もある。

よって、「ここがイタリア?」と、肩透かしを食うことになりかねない。何回かイタリア旅行を続けていれば、遅かれ早かれ味わう事柄。初めての旅で良かったのだろうか……。

ホテルでの夕食も、「マンマの味」とはほど遠いお上品さだった様子。パスタ、主菜、デザート、それぞれ二、三品から選べるシステムとなっているのは、他のホテルと変化なし。異なるのは、洗練されすぎたお味と量の少なさ。「品がよすぎる」「イタめしっぽくない」となってしまう。

——みんな、食事を楽しみつつ、ダイエットも心がけているみたいなのね。でも、ホラ、こっちは旅行者でしょ。太ったって、イタリアいっぱい食べたいもん。「なんだかなー」って気がしなくもなかったわ。

それはわかる。実に言えてる。旅行者ではない私にしても同意見。品よく少量のイタリアンなんて腹立たしい。

ところが、「それがいい」という日本人旅行者も少なくない。知人の女性(三十代半ば)はこう言う。

——南イタリアから北上して、最後にコモ湖で二泊したの。ナポリ↓ローマ↓フィレンツェ↓コモのコース。フィレンツェまでは、どこでも食事の量がいっぱい。とてもたいらげきれなかったわ。味つけが重いところもあったし。コモ湖のホテルで出てきた料理はすごくライト。

量も少なめでちょうどよかったわね。

いろいろですね、本当に。まずは各種、各パターンを試し、自分の好みにあった地を選んでいくのも旅の興につながるだろう。

ホテルの食事にはもうひとつ満足いかなかった倫子さんだが、そこは食いしん坊サン。「明日からに賭けよう」の意気ごみが功を奏して、湖上ピクニックでみごとにイタリアンテーストを謳歌《おうか》した。

コモ湖の有名観光地ベッラッジオの街へは船で到着。ウィンドーショッピングを楽しんでいた時、まずはマカロンを発見。なんという大きさ！　早速、パスティッチェリーア（菓子店）に入って求める。

——懐かしいなあ。これ、子供の頃、「ゲンコツ」とか「ロシアケーキ」って言ってよく食ったもんだ。

ご機嫌な健一さん。人通りのあるにぎやかな路地だった。

もう少し小径をおりると、食料品屋さん（ネゴツィオ　ディ　アリメンターリ）。お総菜も売ってる、グリッシーニも見える。わーい、手作りみたいだ。きっと、歯ごたえのあるナポレオンの棒（グリッシーニ）だろう。

まずはワインの調達から。ヴィーノ（ワイン）ですね。赤ワインは、ヴィーノ・ロッソ、白だと、ヴィーノ・ビアンコ、となる。

「あまり高くなくておいしいのありませんか?」。英語で尋ねた倫子さん。「エコノミカ?」とオジさん。ン!? エコノミカ? ああ、エコノミー。「経済的なものが欲しいのか?」ってことよね。「シ、シ(そうそう)」と答えると、五百円くらいのシチリア産を選んでくれた。

グリッシーニ、そしてオリーブを各二百グラムずつ頼む。ウーノ、ドゥエ、トレ……(1、2、3……)。「チェントは百」。店へ入る前、簡単な数字を基礎会話で調べておく。で、「ドゥエ、チェント」ね。

ワインオープナーも買わなくっちゃ。イタリア語でなんて言うんだろう……。「ヴィーノ……」と告げた後、瓶を開けるジェスチャーをした倫子さん。すぐに通じた。

これは賢い! なぜなら。ワインオープナーのイタリア語って発音がややこしい。「アプリボッティーリア(栓抜き)」となり、慣れないとスムーズに出てこない。いいんですよ、ジェスチャーで。無理してイタリア語のみで伝える必要はないと信じる。英語、イタリア語にジェスチャーを加えた会話での買い物だからこそ面白い。「異国を旅してるんだー」の実感がわこうというものだ。

店を出ると、外で待っていた夫の健一さんが言った。

――おい、すぐ前の店、さっきからひっきりなしに客が入っていくんだ。肉とチーズの店らしい。車で乗り付けて買ったやつもいるんだぜ。きっとおいしい店に違いないよ。

――食べたいのね。

――うん！

――私に買ってこいって言うわけね。

――……別に、俺が行ってもいいけどさ……。

またしても妻が店へ入る。

「プロシュット　クルード、ペル　ファヴォーレ（生ハム、お願いします）ドゥエ　チェント、ね」と告げるや、「パルマのかい？」と店主。おお、日本ではむっちゃ高いパルマ産！　自然、頬がゆるむ倫子さんだった。

蛇足ながら、生ハムの買い方のイタリア語を記しておこう。

Vorrei《ヴォレイ》 2etti《ドウエツテイ》 di《デイ》 prosciutto《プロシユツト》 crudo《クルード》.（生ハムを二百グラムいただきたい）。etti とは、etto《エット》の複数形。エットは百グラムを1とする単位で、イタリア人はハムやサラミを購入の際、これを用いる。つまり、つまり、百グラムは「ウン　ネット」。

また、この国にあっては、パルマ産以上にハイクオリティな評価をつける人が多いのがサン・ダニエーレ産。北イタリア、フリウリ州の生ハムで、パルマ産よりマイルド、かつデリケートな味として有名だ。パルマ産ほど生産量が多くないせいだろう。海外にはあまり輸出されていない。

せっかくのイタリアだ。日本ではなかなか味わえないサン・ダニエーレの生ハムを求めるのもオツ。

生ハムは豚の骨つきもも肉だが、牛肉のクルード（生）もなかなか。ブリザオーラと言う。ミラノを首都とするロンバルディア州で作られる塩漬けの干し肉だ。生ハムよりも脂身がすくないので、ダイエットメニューとしても好まれている。

ところで、原産地の生ハムのプライスはいかに？　百グラムで平均二百円から二百五十円。ヒエ～イ、日本の一枚の値段じゃないかぁ。そんなオーバーな叫びも届きそうだ。

イタリアを訪れた日本人は、誰もがそろって生ハムを絶賛する。通常、和食しか好まない従妹の夫もそうだった。去年の夏、家族にて訪伊。連日のように生ハムを所望していた。

ご存知、メロンといっしょの前菜にもってこい。メロンを無花果《いちじく》や洋梨に替えてもイケる。オリーブやピクルスをそえてもいい。パスタの後、多めに出してメインディッシュにするイタリア人もいる。

トマトソース同様、生ハムなくしてイタリアの食卓はありえない。国民的食品のこの生ハム。旅のあいだ、タップリと召し上がっていただくに限る。

湖上でのピクニックとシャレた倫子さんたちは、グリッシーニに生ハムを巻きつけたそうな。ムムッ、やってくれる！　ヴュッフェ形式のパーティなどで登場のメニュー。次から次へと手が出るので困ります。

そうだ。グリッシーニに関してもふれておこう。最近ハーブ入りのグリッシーニが市販されるようになった。ローズマリーやセージが入っている。香ばしいことこのうえなし。通常のグリッシーニにはさほど食指が動かない私だったのに、ハーブ入りは別。食事時のみならず、おやつがわりにもポリポリと口にしている。

この場合は、生ハムの巻きつけなし。グリッシーニだけで充分に味わい深いから。ああ、たまりませんね、イタリアの食にかかっては。

第2章

田舎町めぐりこそ楽し

人も犬も自然体の田舎

「田舎」という語には、いくつかの意味があるようだ。都会から離れた土地、郷里、の他に、洗練されていない、野卑なさま、などなど。素朴、という意味も含まれているらしい。

素朴、ね～え……。イタリア語だと、semplice《センプリチエ》、naturale《ナチユラーレ》、spontaneo《スポンターネオ》となる。だったら、イタリアはどこだって「田舎」と言ってもいい。例外は無論あるにしろ、地方や都会に限らず、素朴さが満ち満ちているから。あまり聞き慣れない「スポンターネオ」には、自然な感情に従った、のニュアンスがある。これこそ、イタリア人そのものではないか！

かつて、イタリアを旅していて、最も驚いたのは、人々によるごく自然なヘルプ行為。重い重荷を抱えての列車の乗り降りでは、必ず誰かが手をかしてくれる。その荷物を、車内の棚に上げる時も同じ。必ず「ファッチョ　イオ（僕がやるよ）」と手が伸びる。イタリアの旅に限っては、荷物の重さや大きさで苦労した覚えがない。

昔のことでしょ。タカコさん、まだ若かったから。女の子、ってこともあったのよ。などというのはひどい誤解。この国では、老若や美醜に関係なく、「お、大変そう」と感じたらサポートするのが常。それは、「親切」とか「助ける」の意識なくしてなされる自然なりアクション。しごく当然なこととなっている。

日本と異なり、「シルバー・シート」の存在がないのもいい例。お年寄りを立たせるなんてことがありえない国なので、特別席の設定など必要としない。

これが本当なんじゃないかな。自然体で生きるってこういうことのような気がしてならない。日本だって、昔はそういう国だったのに。いつからマテリアル的な国になってしまったのだろう。人工的な人々の集まりになったのはなぜ？　公衆の面前で不作法な行為をする連中にも、注意ひとつできない社会現象なんてまちがっている。イタリアで暮らしていると、そう痛感するばかりだ。

「旅の親切は身にしみる」と言われる。イタリア人からしたら、なんでもない自然の行為が、我々日本人には胸打たれる。

倫子さんも言っていた。

――コモ湖の街のひとつ、レッコでのことだった。船着き場で、国鉄の駅を尋ねたのね。若い職員が、ラックにささっていた地図を取り出したの。ボールペンで駅への道順を印づけしてくれ、「持っていきなよ」。どこ行っても気持ちいいなあって思ったわ。

拙宅最寄りの駅でも、こんなことがあったっけ。ヴェネツィアへ行くため列車待ちをしていると、駅員が声をかけた。「帰りの時間、わかるかい？　時刻表、コピーしてあげようか」。これって、「親切」をとおりこした「ハート」の問題。胸がジーンとしてしまった。

町内で買い物をしていても、ハートフルなふれあいだらけ。冬のある日、北風が強く吹いていた。あいさつを交わしたシニョーラ（奥さん）が、私のダウンコートの衿に手を近づける。

――寒いんだからね。ちゃんと防寒しなきゃダメよ。ホラ、ボタンを上までしっかりと留めなくっちゃ。

そう言って、パチンと留めてくれたのだった。

フランスで暮らしていた時は、こんなことなかったな。日本では、ずっとずっと昔の子供時代の思い出としてしか残っていない。

見ず知らずの旅人にだって、惜しみなく自然の「ハート」で接してくれるのがイタリア人。

倫子さんもまた、毎日、幾度となく体験したそうだ。

――レッコの駅からベルガモへと列車を利用しようとしたけど、何番線から出るのかわからない。基礎会話の本を開き、たどたどしいイタリア語で話しかけたの。優しそうなシニョーラだったわ。「ダ　クアーレ　ビナーリオ　パルテ？（何番線から出ますか？）」って。なんたって拙《つたな》い棒読み。奇妙な響きでおかしかったんでしょうね。苦笑していた。

それでも、ていねいにイラストを描いてくれた、とか。「×番線から出るわよ。でも、こっちとこっちの二か所に列車が止まっている。こっち側のに乗ってね」との説明もつけて。「じゃあね。気をつけて。ボン　ヴィアッジョ！（良い旅を！）」とも言ってくれた。

――いいわねー、イタリア人って。みんなあったかい。さりげないけど、心をこめて接してくれるんだもの。うれしくなっちゃう。

でもね、倫子さん、と私は言いたい。素朴ではあるけれど、そうそう単細胞ではないのがイタリア人。デリカシーや人の心を見ぬく感性にはたけている。相手がブォーノ（善良）かカティーボ（悪人）かなんてすぐかぎわけちゃう。どこでもよくしてもらえるのは、倫子さん、あなたがハートがある人だから。好感を持てる旅人だってわかるからなのよ。

いくらイタリア人でも、高飛車だったり傲慢な相手には心を開かない。イタリア語がペラペラというようなガイジンにも、さほど懇切ていねいな説明をしない傾向だってある。

我々は東洋の国からやって来たニッポン人。言葉も異なれば、文化、慣習だってまるで違う。謙虚な気持ちで接し、また尋ね、教えや指示を受けるのがいちばん。イタリア旅行をより快適なものにするキメテとも言える。

駆け足旅行のグループツアーならともかく、フリータイムの多い旅、あるいは個人旅行をしていると、イタリアの町々では犬が多いことに気づくだろう。小型犬よりも大型犬が主流。ジャーマン・シェパードを筆頭に、数々の犬種が飼われている。

鎖なしで歩いている大型犬もけっこうな数。犬が苦手の旅行者などはドキッとすることだろう。

けれども、犬までがイタリアの国民性を受けついでいる。おっとり、どっしり、実にフリーでフレンドリー。愛嬌たっぷりに尻尾を振り続ける犬だらけ。犬こそが飼い主＝人間の鏡。その国の人柄を反映するのかもしれない。

犬といえば、つきものなのがピピ（オシッコ）。鎖をつけていようといまいと、そこらじゅうにして歩くのが習性なのはイタリアも同じ。犬はいいなあ、どこにでも自由にできて。この国を旅していると実感することだろう。

なんせ、イタリアで用を足したい時はちょっと厄介。観光地であっても公衆トイレはごくごく少ないし、どの駅にでも設置されているとは限らない。デパートの類はミラノやローマなどの大都市に一か所あるかないかだし、スーパーには通常トイレなし。「どこにしたらいいのお、犬でもあるまいし……」となってしまう。

その点、隣国のスイスは「ピピ大国」。小さな公園にまでトイレが用意されている。イタリア国境近接のルガーノもそう。「ちょっとスイスまで用足しに。なにしろ、イタリアにはトイレがないもので……」。などというわけではなくても、ルガーノの公園トイレにはよくお世話になっている。

すごいですよー。さすが清潔好きなお国柄。公衆トイレなのに、各所にハンド・ウォッシュ用の洗面所がついている。デパートやスーパーならまだしも、たかだか町の小さな公園のトイレにまで。こういうところに、その国の実情が反映されるに違いない。

ところが、置かれていたペーパーは新聞紙。ごていねいにも、使用しやすいサイズにカットされていた。淋しかったですね、なんだか。だったら、なにも置かないほうがいいんじゃないかなあ。いや、親切なのだろうか、たとえ新聞紙でも……。

イタリアでもよおした時は、バールに入るのが最良。コーヒーなしでは生きていけないイタリア人ゆえ、どんな村にだってバールが何店かある。そして、バールには、必ずトイレがついている。

「コーヒーなんか飲みたくない」という時だって、躊躇《ちゅうちょ》せずに飛び込むこと。「オジさ〜ん、トイレ、トイレ……」と叫んでかまわない。この国では、それが目的でバールに来るイタリア人もけっこういる。ごく当然のことなので、恥ずかしがることなどいっさいないのだ。

ただし、トイレのみで入った場合には、「ありがとう」の意をこめて、五百リラ（約三十円）のコインくらいは置いていこう。コーヒーやミネラルウォーターなどを飲むのだったら、そうした心づけの必要なし。バールの客として用を足した、ということになる。

ベルガモへのお誘い

アダルトなムードもいっぱいのリゾート地コモ湖で二泊した倫子さんと健一さん夫妻の次なる目的地はベルガモ。そうです、私が居住している県。ミラノからだと、北東へ五十キロ、という距離にある。

イタリア人から居住地を尋ねられ、「ベルガモに住んでいる」と答えるや、必ず次の会話となる。

——ほー、いいところにいるね。美しい街だ、ベルガモは。で、アルタ？　それとも、バッサ？

——どっちでもないの。ベルガモはベルガモでも、市内ではなく郊外なのよ。畑に囲まれたカンパーニャ（田舎）。

——そうか、そうか。ペリフェリーア　ディ　ベルガモ（ベルガモ郊外）なのか。のどかでいいだろうね。

アルタ、とは、città《チッタ》 alta《アルタ》のことで、旧市街をさす。バッサは、città《チッタ》 bassa《バッサ》で、新市街の意味だ。城壁に囲まれた丘陵上の町が旧市街で、古くは十一～十三世紀まで遡《さかのぼ》る歴史豊かな建造物まで残っている。

この「アルタ」と「バッサ」がベルガモ市内。一般に「ベルガモ」という時、ほとんどの人が美しくも歴史のある新旧の市街を連想する。そして、「いいわね〜」「すばらしいところに住んでいるのね」となってしまう。

だが、ベルガモ県は広い。県都であるベルガモ市の他に、いくつもの大小の市町村が点在している。私の居住地は、県都より南下した位置になり、クレモナ県やミラノ県領域までもそう遠くはない。さしたる特色のない田園地帯に住んでいるのだ。

観光客が訪れるのは、もちろん新旧市街のある県都。アルタ、バッサともにホテルやレストランがいくつもあり、イタリア内外からの旅行者でにぎわっている。

欧米人の観光客も多いのだが、なぜか日本人ツーリストは少ない。ミラノからさほど遠くない地方都市なのに、どうしてなのだろう。

なにしろ、見どころがいっぱい。アルタには、ロマネスク様式のサンタ・マリア・マッジョーレ教会、ルネサンス様式のコッレオーニ礼拝堂、その他必見の建造物。バッサなら、フラ・アンジェリコやベリーニ、マンテーニャ、ピサネッロ他の作品を集めたカッラーラ美術館がある。また、この街が生んだ音楽家ドニゼッティの像も建っている。

遠くに山々を抱き、緑と花も豊かな新旧の市街には、美食家に人気のレストラン、安くておいしいトラットリア、懐古調のおしゃれなバールやティールームも数多い。

ミラノからだと、列車で約四十五分、バスでも同様の所要時間で着くという便利さ。日曜、祝祭日でもオープンしている店もあるのは観光地だからこそ。ミラノ滞在が週末になった時には、日帰りで訪れてみるのもいいだろう。

だいたい、イタリア最古のバールがベルガモにあるってこと、日本の人たちはあまり知らないのではないだろうか？

——エッ、いちばん古いのはフローリアンじゃないの？　ヴェネツィアのサン・マルコ広場にあるでしょ。あそこが最古だとばかり思っていたわ。

そんなふうにおっしゃる方々ばかり。無理もない。各種の雑誌はおろか、旅専門のガイドブックにまで、「イタリア一古いカフェとして有名なフローリアン」などと紹介されているからだ。

いい機会だ。ここで明確にさせていただこう。ヴェネツィアのカフェ・フローリアンは一七二〇年の創立だ。が、それよりも二百五十年近く前にオープンしたのがベルガモ旧市街にある「カフェ・デル・タッソ」。一四七六年の創立を誇る。イタリアのガイドブックなどでは、こんなふうに紹介されている。

——È《エ》 certamente《チエルタメンテ》 la《ラ》 più《ピユー》 antica《アンテイカ》

「もちろん、最も古い」という意味。日本のマスコミの皆さん、これからはまちがえないでくださいね。

（日本以外の）世界的に名高いこのバールには、美男で感じのいいボーイさんがいて、それは気持ちよくサーヴしてくれる。七、八十種類もあるグラッパ、百種類ものウィスキーのチョイスも楽しいけど、パニーニやサラダの軽食もなかなか。歴史ある重厚な店内、あるいはヴェッキア広場に面したテラス席で、ゆっくりタイムを味わいたい。

私など、「このカフェに入るだけでもベルガモを訪れる価値あり」と思うくらい。ぜひとも一度、ミラノからでも足を運んでいただきたいものだ。クローズは、七〜九月を除く水曜日、そして、一月十日から一月二十日まで。オープンタイムは、朝八時から夜十一時半までとなっている。

ベルガモへいらしたら、お土産としておすすめしたい品あり。それは、「アルケケンジ」。ホオズキの実をチョコレートで包んだお菓子です。新市街の老舗《しにせ》店「バルゼル」のオリジナルチョコレート。ホオズキの実はチョコでくるまれ、（ホオズキ）袋はそのまま外に出ているのがユニークで愛らしい。美食家の友人Mさんに話したところ、こんなふうに言われた。

――わー、可愛い！　懐かしげな味がしそうね。日本に輸出したらいいのに。ウケると思うわよ、絶対！

このバルゼルには、ドニゼッティにちなんだお菓子もある。その名も「ドルチェ・ドニゼッティ（ドニゼッティのお菓子）」。いいでしょ、単純で。果物の砂糖漬け入りドーナツ型スポンジケーキです。ドニゼッティ、あるいはオペラファンへのお土産にいかが？

こんなふうに、お楽しみがいっぱいのベルガモの新旧市街。倫子&健一カップルは、どんな二泊三日をすごしたのだろう。

旅籠ふうホテルにて

豊かな歴史と文化にあふれたベルガモ市内だが、もうひとつの「顔」を持つ。大小の企業、工場も多い経済都市でもある。そのため、新市街にはモダンな中規模ホテルが建っている。海外から訪れる国際ビジネスマンの宿泊者も少なくないようだ。

観光で滞在するなら、なんといっても旧市街。駅前からタクシー、あるいはバスとケーブルカー利用が必要なものの、到着すれば大満足となることうけあい。「こんなところが現代にもあるんだ」と、タイムトリップすることだろう。

建築制限の厳しい旧市街だ。ホテルはすべて小規模。超プチホテル、といったところ。全部で数室、なんていうアルベルゴ（ホテル）だってあるほど。これがまた実にいい。古い邸宅を改造した風情で、どこかの家に招かれた雰囲気。丘の上にある街だから、窓からのパノラマがすばらしいことは記すまでもない。テラス付きのプチホテルに泊れば、朝夕の眺めにも心躍る。自然の美しさ、歴史の尊さをも肌に感じ、人生観まで変わってしまうかもしれない。

倫子さんたちが予約したのは、プチホテルというより、ロカンダ（旅籠屋《はたごや》）ふうの宿。さすが情報社会の日本。あるんだな、ベルガモのホテル案内も。

その宿の名は、「イル　ソーレ」。「太陽」という意味。ン⁉　聞いたことがある。そうだ！　土地っ子に大評判の郷土食レストランじゃないか。宿泊もできるとは知らなかった。フランスでいう「オーベルージュ」ですね。

「昔はベッドだけの部屋だったんじゃないかしら。それこそ、水差しと洗面器で旅の汗を流す、式の質素な旅籠だったみたい」と倫子さん。

――だってね、部屋はすごく小さいの。隅に、「強引に造りつけました」という感じのシャワーとトイレ室。引き戸を開けて入ると、右隅にトイレ、左にビデ。残った九十センチ四方もないガラス戸のスペースがシャワー室なの。ビッグサイズの人だと体も洗えないぞ、の狭さだった。

でも、まあ、一泊十二万リラ（去年のレートで約六千円）。高級地のベルガモ・アルタでは、「値に等しい」というところだろう。

なによりも、感じのよさが大きな魅力。日本からの問い合わせファクシミリには即応してくれたし、チェックインどきのあったかさも心にしみる。

「じゃ、鍵を渡すけど」と言われ、受け取ったキーが丸ごとイタリアン。重厚にもごっつい鍵が、ジャランと三連もついていたそうだ。「これが部屋の鍵。こっちは表の鍵、ね。深夜二時すぎに戻ってきた時に使っておくれ。それでも開かなかったら、もうひとつの裏口の鍵。これがそうだよ」。わかるなー、それ。イタリアの古くて小さなホテルってこのパターン。表玄関の鍵まで渡されるとなんだか家主みたいな気分になったりする私だ。わー、これで朝帰りしたってへーキなわけね。そう思うのだが、なぜか早めにホテル戻りとなったりする。

コモ湖のホテル同様、ここでもパスポートの提出を求められ、「預からせてもらいます」に不安だった倫子さん。

――タカコさんから聞いていたけど、なんとも気がかり。見せるだけならともかく、いったん預けるっていうのがどうもね〜え。氏名のパスポート番号を記入するだけでしょ。どうしてその場でサッサとやってくれないのかしら?

これは、多くの日本人旅行者の疑問。「パスポートは、海外で身を守ってくれるためにあるもの。それを、一時的にせよ他人に渡してしまうのは心細い。納得もいかない」となる。

イタリアでは、マフィア対策の意味あいもあって、以前から「パスポート預り」を法則にしている。根が無神経、鈍感なせいだろうか。「そんなものか。決まりならばしょうがない」と、なんら気にもかけない私。最初の旅でも、オートマティックに提示したものだ。

よく考えてみると、そんな私の感覚のほうがおかしいのかもしれない。絶えず身につけているからこそ真価のあるパスポート。「いくらマフィア対策だからっておかしい。すぐその場で、氏名とナンバーを転記するシステムに変えるべきだ」と抗議の声を上げるのが正しいのだろう。

現在のところ、いっこうに改良される気配のないこのパスポート預け。気が気でない人は、倫子さんのようにすべきだ。

――パスポート渡した時、こう告げたの。「チェックして転記したら、なるべく早く返してもらえる？」って。「じゃ、五分後に取りにおいで」と言われたわ。ホント、面倒なシステム。でも、ずっと預けておくのもイヤなので、もらいに行ったわよ、五分後に。

イタリア人の「五分後」は、アテにならない時も多い。もし、「あ、忘れてた。あと五分後、ね」などと告げられたら、あっさりと引き下がらないこと。また忘れてしまう可能性のほうが強いからだ。

――これからショッピングへ行くの。すぐ必要なのよ、パスポートが。

と言い、その場で転記してもらうに限る。

さて、人気のレストラン併設の旅籠に宿をとったんだ。そこで食事をしないテはない。七時の夕食を予約したのは夫の健一さん。それまで、ほとんど「ツアコン」やってた倫子さんの作戦が成功した。「ねえ、行ってきてよ、予約をしに。やっぱり、レストランの予約って、男がしたほうがサマになるもん」。やりますね、なかなか。男性の自尊心をくすぐる賢い依頼法。

カップルで旅した時は、こういうのをタイムリーに使うとよさそうだ。

「ガラス戸にぶつかりながら」の苦労と共にシャワーを浴び、レストランへ行く。さすが評判の店。全席いっぱいの盛況ぶりだった。

席に着いたものの、メニュー読解がひと仕事。イタリア語のみの表記なので、ツーリストメニューでの注文のようなわけにはいかない。

ひとまず、ハウスワインを頼み、「少し考えるので待っててね」とジェスチャー。

――ねえ、タカコさん。これ、イタリア語ではなんて言えばいいの?

そんな質問が倫子さんよりあった。基礎会話の本には載っていなかったそうだ。フム、けっこう必要なセリフなのに。ガイドブックや基礎会話本って、もうひとつ「生きた」記述がカバーされていない感じ。

「少し考えるから……」の直訳は、Mi《ミ》 lasci《ラッシ》 il《イル》 tempo《テンポ》 di《ディ》 rifletterci《リフレッテルチ》 un《ウン》 po'《ポ》. なんとも長すぎて覚えにくい。私はいつも、こう告げている。「Un attimo《ウナッティモ》 solo《ソロ》」。「ちょっと待っててね」という意味。これで充分。「どうぞ、どうぞ、ごゆっくり」となる。

夫婦してじっくりメニューを検討。結局、夫↓ミックス前菜(生ハム、パテ、スモークサーモンなど)、トマトソースのニョッキ、オッソ・ブッコのポレンタ添え。妻↓エビとルッコラのサラダ、ポルチーニ茸のリゾット、ウサギのローストにポレンタ添え。

コモ湖のホテルの夕食があまりに少量だったのとは反対に、最初の前菜からしてすごい量。おいおい、これって、しっかりと一食ぶんあるぞ、の山盛り。イタリア人をあなどっていた。

やっぱり大食なんだ。初めてそう悟ったそうだ。

その土地、レストランによって、出てくる量はさまざま。南イタリアへ行くほど大量にサーヴされる、というものではない。洗練されたヌォーヴァ・クチーナ（ヌーヴェル・キュイジーヌ）は量が少なく、伝統の郷土料理は多め、ということは事実。ただし、店ごとの差は大きく出るのが昨今。一概には言えないが、平均して日本のイタめしよりは多い店が大半だ。

大量の前菜におののいた夫妻。このままでは後が続かない。パスタを少なくしてもらわなければ。ウェイターのオジさんを呼んで、「ピッコロ・ピアット」と頼む。「小盛りで、ね」のつもり。オジさんはすぐ納得。ニッコリ笑い、注文票を取り上げた。パスタの横に二分の一と書き込んでくれたのだった。

「ピッコロ・ピアット」で通じるのだからそれでオーケー。響きだってすごく可愛い。でも、また「正しくはなんと言うの？」の質問。いいんだけどな、すべてに正しい会話をしなくても。要は心。わかってもらおうという気持ちがあり、心をこめて伝えればそれでよし。同じ人間、理解しあえないわけがない。ましてや、人生に欠くことのできない食に関してならなおさら。私はそう信じている。

とはいえ、質問には答えるのが親切だろう。「少なめのパスタにしてね」は、Meno《メーノ》 quantita《クアンティタ》 di《ディ》 pasta《パスタ》, per《ペル》 favore《ファヴォーレ》. In《イン》 piccola《ピッコラ》 quantita《クアンティタ》 も「少なめ」となる。あるいは、「半量のパスタにしてね」ということで、Meta《メタ》 quantita《クアンティタ》 di pasta, per favore と告げてもいい。「ピッコラ　パスタ」「メタ　パスタ」でも大丈夫。必ず通じる。「お願いします」の「ペル　ファヴォーレ」は必ず加えてね、ということだけです。

「太陽」レストランは、超満員でにぎわいまくる。せわしなく、でも、こまやかなサービスを忘れることなく動き回るオジさんたちはすこぶる感じがよくてごきげんムード。

――すごくアットホームな店内なのね。みんなくつろいで、ワイワイ食事を楽しんでいる。カップルで一皿のサラダを口に運んだり、とか。必ずしもコースで頼む必要はないみたい。気軽な「食事処」っていう感じだったわ。

「どうも、イタリアのレストランの〝格〟ってやつがわからない。ガイドブックには〝トラットリア〟と書いてあっても、ネクタイ必需、なんて店があるでしょ。どこで判断すればいいのかしら？」と倫子さん。ビギナーには難しい、と嘆く。

　これ、旅行者ならずとも、「うーん……」と首をひねるところ。レストラン、つまりRistorante《リストランテ》の表示があっても、格式ある店とは限らない。逆に、日本のガイドブックの中には、「家庭料理がメインの大衆的な店」と書かれているTrattoria《トラットリア》が、おそろしく由緒正しきエレガントな店だったりする。

　もっと極端になると、Osteria《オステリア》やTaverna《タヴェルナ》。オステリアは本来、居酒屋とか飲食店を意味するし、タヴェルナは大衆食堂、及び居酒屋をあらわす。けれども、ジェノヴァにある「バイ」という名のオステリアは、一七九九年からオープンの伝統のある高級店。美食家のおしゃれ人間に人気の「ブロンズィーノ」(フィレンツェ)は、タヴェルナとついているのにスノビッシュだ。

不便なことに、外観からでも判断がつきかねない店も多い。

ミラノの「トラットリア ペーザ」なんて、落書きだらけの古びた建物。市内ではあるけどポピュラーな地域だけに、「そうか、庶民向けのトラットリアなのね」と思いがちだ。

たしかに、伝統のミラネーゼ料理を出す「ペーザ」だけれど、店内は優雅そのもの。一八八〇年創業の歴史、そして風格をそなえた格調あるレストランになっている。パゾリーニやモンタネッリ、リッツォーリ、その他、多くの文化人に愛された店としても名高い。

そのようなトラットリアやオステリア、タヴェルナは、決してエコノミーな料金ではすまされない。名称、外観のみでフラッと入り、「エーッ……」となってしまうこともあるだろう。

「なんでもトライ。体験として受け入れよう」というのだったら、店の格式にこだわらないで入っていくのも面白い。どんなに高級なところでも、よほどのワインを注文しない限り、ひとり一万円の料金となる店は少ない。

事前にレベルを知りたい時は、やはりガイドブックの格式表示をめやすにする。紹介されていない店なら、ホテルの人に尋ねたり、その地のタクシー運転手、町内の店で聞いてもいい。直接入りたいなら、外に張ってあるメニュー表をながめよう。各種料理の値段を見れば、高級な店か否かの判断がつくはずだ。

「レストラン」とはいえ、フランクなムードで楽しく盛り上る「イル　ソーレ」は、どれもこれもマンマの味。きっとみんな、こういうのを家庭で食べているんだろうな、と実感できる素朴な味ばかり。「アル・デンテに調理したポルチーニ茸のリゾットも絶品だったし、じゃがいもと小麦粉でふんわり仕上げのニョッキも手作りのよさがしみじみ。やっぱり本場の家庭料理は違う、と思ったわ」とのこと。

前菜、プリモ・ピアット（第一の皿）ともにおいしく、すっかりたいらげた倫子さんたち。メインが運ばれてきてガク然！　肉の量もさることながら、付け合わせのポレンタがどんぶりいっぱいに出てきたのだ。

ポレンタとは、とうもろこしの粉を練ったもの。北イタリアの伝統料理とされているが、特にベルガモでは愛食の一品。水を沸騰させたところに粉を入れ、木ベラで一時間ぐらい練り続ける「手間暇」料理なのに、ベルガモのマンマは頻繁に作る。

「どんぶりにいっぱいのポレンタ」は、ごく通常の分量。これに、好みのソース、肉料理などをあわせて食べるのが家庭でのパターン。常にパンが用意されているため、それだけですますランチやディナーも多い。

前菜のみならず、リゾットやパスタも食べたふたりゆえ、山盛りのポレンタにギクッとして当然だろう。通常、「ポレンタ添え」とある場合は、肉料理の横に少し付け合わせてあるのみなのに、さすがベルガモ。いや、大衆的なレストラン。ガバッとどんぶりに盛ってしまうあたりが、昔ながらのイタリアンだ。

二十数年も前のこと。両親がイタリアへ旅をした。フリータイムも多いグループツアーへの参加。ふたりだけで昼食をすることになったローマでのひととき。当時、唯一わかっていた「スパゲティ」を注文する。出てきたのは、バケツにいっぱいと表現するしかないほどの大量のスパゲティだったそうな。未だに愉快な想い出ばなしとなっている。

昨今はこのような「バケツ量」は出てこない。イタリア人からすると少食ぎみな日本人には助かるだろうけど、反面、ちょっと残念。愉快じゃないですか、そんなに大量のパスタがドーンとあらわれたら。「わっ、わっ、わっ！　やっぱりイタリア！」となり、生涯の忘れえぬできごととして残るだろう。

――そんなねえ、タカコさんはイタリア人以上に大食いだからへーキで言うのよ。こっちの身にもなってちょうだい。

どんぶりいっぱいのポレンタ体験の倫子さんからブーイングされそう。

「うー、どうしよう……。これはもう、食べるっきゃない」。覚悟を決めて挑んだものの、いくらたっても減らないポレンタ……。香ばしく焼き上ったウサギの肉はジューシーだし、こってり煮込んだオッソ・ブッコもポレンタとよくあうのに……。

――ああ、もうダメ。かがめないくらいにお腹がいっぱい、となっちゃった。ふだんは意地でもお皿を空《から》にする我々なのに、完全なるギブアップ。ごめんなさーい、だったわ。ウェイターさんにもあやまったの。「モルト　ブォーノ（おいしかった）。だけど、トロッポ　グランデ（量が多すぎた）」と。

「もう、お腹がいっぱいで食べられない」のイタリア語は、Sono《ソノ》 pieno《ピエーノ》 e《エ》 non《ノン》 posso《ポッソ》 mangiare《マンジャーレ》. でも、シンパティカ（感じがいい）、かつカリーナ（可愛い）のは、「モルト　ブォーノ、だけど、トロッポ　グランデ」のほうだな。旅行者としての愛嬌にあふれ、イタリア人からもより好感を持たれるはずだ。

ビジネスならともかく、旅で訪れたイタリアでは、正しい会話にこだわる必要はまったくないと再び強調。この国は、表面のみの礼節を重んじない。言葉だけのふれあい、マニュアル的な対処をもっとも嫌う。

旅人の身ならなおさらのこと。気持ちさえあれば、日本語で「お腹いっぱい!」と告げてもいいし、ジェスチャーだって好ましい。お腹をさすり、「まいったー」と示せば充分なのだ。

イタリアの旅の楽しさは、この国の人たちとのふれあい。レストラン、その他の店、ホテル、観光地……、旅人として一方通行ですごしたりしたら、イタリアを訪れる意味など皆無。笑顔だけでもいい。「グラッツィエ（ありがとう）」「ミ　スクージ」のひとことだってかまわない。なげかけてほしい、あなたの思い、感情を。きっと、他の国では味わったことがないあったかい情が漂ってくることだろう。

エスプレッソを飲み、満腹にフーフーしながらレストランを後にしたふたり。腹ごなしをかねての夜道の散歩。日曜日の旧市街は、夜も更けたというのに多数の人々が歩いていた。——小路をぬけて、人気《ひとけ》のない真っ暗な城壁の上に出てみたの。眼の下には、バッサ（新市街）の灯《あか》りがポツポツと拡がっててね。きっと、普通の家の灯りだと思うのよ。ああ、日々の〝営み〟があるんだなー、と胸がしめつけられるような懐かしさを感じたわ。

「太陽」旅籠に戻り、部屋のテレビをつける。ビキニ姿の「行け、行け」系おねーさんたちが、やたら元気に踊っている。太ももムッチリ、胸はバーン。日本のテレビに出てくるやせっぽちな女性なんてひとりもいない。すごいボリュームのボディで、ガンガンに踊りまくってる。これ以上はない、というスマイルといっしょに。

「イタリアだなー。美女のタイプも違うんだなー」。そう感じつつ、しばしテレビに見入った旅籠での夜だった。

朝市ぬきの人生、旅なんて……

かなり知れわたるようになったイタリア語に、「メルカート」というボキャブラリーがある。スペルは mercato《メルカート》。市、市場の意味ながら、暗然のうちに「朝市」をさすようになった。朝市の直訳は、mercato《メルカート》 mattutino《マットウテイーノ》ながら、ここイタリアでも、だれもが「メルカート」と呼んでいる。

ミラノやローマ、トリノその他、どんな大都会にも必ず見られるのが朝市。毎日、どこかの区域で開かれることになっている。それは法律化されたものと言ってもオーバーではないほど。イタリア人の生活に欠かせないものとして、慣習的規律が施されているのだ。

たとえば、我が町バリアーノの朝市は土曜日。モレンゴという名の隣り町は水曜日、といったぐあい。両方ともごく小さな町なので、朝市に出る店は少ない。ところが、別の隣接町である大きな地域では、火曜日とか木曜日ににぎやかな市がたつ。どこへも自転車で行ける距離なので、毎日のようにメルカートを楽しめるシステムとなっている。

県庁のあるベルガモ市内の朝市は、毎月曜日。たいそう大規模な市となる。ちょうど、倫子さん夫妻が滞在の時だ。ふと思い出した私は、「太陽」旅籠にファクシミリを送った。

——月曜日、朝市がたちます。新鮮な旬の素材、興味深いキッチン小物、その他いろいろ。ながめているだけでも楽しいので、ぜひ行ってみて。場所はホテルの人に尋ねてください。市内は広いので、確認してからにしないと迷いますから。

各国の食生活に深い関心をよせている倫子さんだ。イタリア料理のレパートリーも広い。朝市に興味を示さないわけがない。夫の健一さんはプロの料理人。これまた、「行こう、行こう」となるに違いないと感じた。

ホテルで教わり、駅近くの朝市を訪れたふたり。食料品、衣料品、靴、小間物、その他、ありとあらゆる露店の店がぎっしりの光景にワクワク。が、まっ先に目がいくのは、やはり食品類だった。

——タイヤのようなパルミジャーノ（パルメザンチーズ）をながめていたら、オジちゃん、ニタッ。「ちょっと試してみるかい」と、一切れくれたの。めっちゃおいしいっ！　でも、グルッと回ってくるから、またあとでね、とウロチョロ。しっかし、イキのいい朝市ね〜え。こういうのをちゃんと保護しているイタリアってエライ！　安い大量生産品を買えるスーパーと、質や鮮度を重視の市場、個人の商店など、選択肢を与えてくれてるってことでしょ。買う側の庶民にとって、こんなありがたいことってないと思う。

買うことへのメリットのみではないのがイタリアの朝市。オープンスペースのサロン、みたいなところがある。つまり、にぎやかな社交場。店々のオジさん、オバさんと言葉を交わしたり、久々に顔をあわせた知人とのおしゃべりにも花が咲く。「ちょっと、シニョーラ、いつまでも立ちばなししないでちょーだい。ここ、通り道でしょ。先に進めないじゃないの」などと、文句のひとつも言いたくなる場面もあるくらいだ。

我が町の朝市では、日曜雑貨を売っているオジさんが愉快。最初は、「シニョリーナ（お嬢さん）」と声をかけられ、ギクッ。この歳《とし》で「お嬢さん」もないよな〜、と顔をしかめていると、「ニッポンジン？　トーキョー？　サッポロ？」。日本語で話しかけてくる。

――エーッ、なんで、なんで？　どうして日本語知ってるの？

――俺の前妻、日本人だったんだ。ずいぶん前に交通事故で亡くなったけど、きれいな女性だったよ、あんたみたいに。

「あんたみたいに」は、イタリア男特有のお世辞。ホンキになんかしないものの、腹をたてることもない。「シニョリーナ」と言われるよりはずっとマシだ。

このオジさん、前方の頭髪はごく薄いのに、ロングヘアをひとつに束ねている。一見、アーティストふう。なんでも、三年ほど前までスキーの選手として活躍。札幌での大会に参加した時、日本女性と恋に落ちて結婚したそうだ。その後、膝を痛めてスキーを断念。やがて、奥さんは交通事故で旅立った、と話してくれた。

こんな世間ばなしだってできちゃうのが朝市。あちらこちらで、会話の輪が広がっている。みんな、実にイキイキと楽しそう。人生の幸せ、ここにあり。そんなムードでいっぱいなのだ。

このオジさん、私の姿を見るたびに、「チャオ、カーラ」「ベリッシマ！」などと声をかける。「やあ、可愛子ちゃん」「すごく美しい！」の直訳だけど、「どうも、どうも」ぐらいのニュアンス。でも、他のシニョーラたちには、「チャオ」や「ボンジョルノ」だけ。どうやら、日本人女性びいきのオジさんらしい。ハゲぎみなのにロングヘアという奇妙な風采さえ好ましく思えてくる朝市だ。

雑貨売り場のオジさんから、チーズおろしを求めた時のこと。いろいろ出してくれたのでながめていると、通りかかった初老のシニョーラから声がとんだ。

——いいかい。いちばんシンプルなのにしなさいよ。値段の張る高いのなんか買っちゃダメ。決してうまくおろせないからね。あるなかで最も安いのにしときなさいよ。

「うん、マ、言えてるわな」とオジさん。ふたり、つまり、シニョーラと店主の合意のもと、メチャ安のチーズおろし器を買わされたものでした。なんか愉快！

一見《いちげん》さんの旅行客だって、オープン・サロンのムードに溶けこめてしまう。

人が行列しているお総菜売り場を見つけた倫子さん。イカフライやコロッケみたいなのが次々に揚げられて並んでいる。うー、いいにおい！　イタリアのフライドポテトのお味はいかに？　一袋求めてみた。

そのポテトをつまみつつ、メルカート散策。いろいろな店をながめていると、おっ、山のように積まれた乾燥ポルチーニ茸ではないか！　高いのよね、これ、日本じゃ。昨晩のポルチーニ・リゾットの味もまだ舌に残っている。

買おうかなー。考えていると、ニコニコ笑顔のオジちゃんと目があった。「手を出せ」とジェスチャーする。束ねてあった干し草みたいなのをちぎり、手に持っていたフライドポテトにかけてくれた。

あ、知ってる、この香り！　「オレガノ？」。「シ、シ（そう、そう）」。「食ってみい。うまいぞー」。「ほんとだ。オジさん、これ、うまいわあ」。「っだろ〜」。

——こうなったら、そこでポルチーニ茸を買うっきゃないでしょ。オジさんにすすめられた最高級のポルチーニを二百グラム頼んだの。そしたら、三十グラムのオーバー。「えーい、おまけだ。あんた、きれいだからサービスしちゃう。持ってけ〜」だって。グラッツィエ！　いいわねー、イタリアって本当に。

最初にチーズを味見させてくれた店へ戻り、パルミジャーノを百グラム求める。つまみ程度に、と。なのに、百七十グラム包まれてしまう。お値段がお値段（約四百円）だからいいけど、と倫子さんは笑う。

これまたイタリアの朝市の特徴的な現象。食料品の場合、なにを注文しようと、告げた分量を大幅にオーバーしてくれちゃう。一割がた多いのならともかく、平均、一・五倍になって渡される。支払う額もその分量。ムカつくこともありますよ、時には。

そこで私は考えた。防御の策を張るしかない。希望の量の半分を伝えよう。適量近くになってバランスにかけられることだろう。

と思うのだが、いつも敗北。どういうわけか、その場になると、つい希望の量を伝えてしまう。家を出る前には、固く決めた策略なのに、なぜなのかわけがわからない。

先週の朝市でもそうだった。いかにも新鮮、丸々とおデブなペスケ・ノーチィ（桃の一種）が食べごろみたい。旬の果物だし、日本にはない種なのでよく求める。一キロ三千五百リラ（約二百円）。

――ウン　キロ　ペル　ファヴォーレ（一キロ、お願い）

「あいよ」と無造作に入れていく店主。他の野菜、果物もあわせ、二万リラちょっとの請求（約千二百円）。なんだか高め。家に戻ってレシートを見ると、すべての品が一・五倍近い。ペスケノーチィに至っては、一千七百八十グラムとレシートに出ていた。一・八倍なり！　どうして希望の半量を伝えなかったんだー。恒例の「大反省ミーティング」をひとりで行なう私です。

ともあれ、「明日は朝市」となると、自然、微笑がこぼれてしまう。娯楽の少ないイタリア。カルチャー・スクールなどはなきに等しいし、奥さまがたで楽しむランチタイムも存在しない。でも、なによりも豊かな娯楽、それが朝市。イタリア人の日常の幸せを垣間見るためにも、ぜひのぞいてほしいと願う。

隠れミシュランレストラン

今やベルガモの県民食化してしまったポレンタ。新旧市街には、ポレンタの形をしたドルチェさえあるほど。

「どこに住んでるの？」「ベルガモ」の会話の後、「アルタ？　それともバッサ？」の次に多いのがこれ。

――おっ、ポレンタ、だね。好きかい、あんたも？　作ったりする？
なにもベルガモのみの伝統料理ではない。北イタリア全土で古くから食されていたのに、奇妙といえば奇妙。

思いあたるフシはただひとつ。我が県ベルガモには、ポレンタ以外に誇れる郷土料理というのがないんですね、残念ながら。強《し》いてあげれば、サラミぐらい。サラミ　ノーストラ（我々のサラミ）なんていうのが、県内のスーパーや個人の店で売られている。なーに、他のサラミとさしたる変化なし。県内で作られたサラミ、ということなのではあるけれど。

つい先日も、食がらみのインタビューを受けることになって困惑。ミラノ在住の日本人ジャーナリストからこう言われた。

──なにか一品、ベルガモの家庭料理を作っていただきたい。カメラマンを連れて行きます。どうかよろしく。

──ベルガモの家庭料理ですって？　じゃ、ポレンタですね。

──う、う、うーん……。ポレンタですかあ。エグゼクティヴな読者を対象とした会員制の月刊誌なもんで、もう少し、そのォ、洗練というか、工夫された料理がいいんですけど。

そうでしょうね。いくら手間と暇がかかっても、トウモロコシの粉を練っただけの料理だなんて。ポピュラーな雑誌への掲載だって、「なんだかなぁ……」となりそうだ。

──じゃ、サラミをつけたらどうかしら。サラミ　ノーストラ、というのがありますから。黄色いポレンタと、茶系のサラミをあわせたら、それなりの色合い。絵的にもけっこういいんじゃないかしら。

などと、おマヌケな発言をした私。やんわりと却下されました、即刻。

翌日、くだんのジャーナリストから再電話あり。開口いちばんにこうおっしゃる。

──私なりにいろいろ聞き当たってみたんですが、ベルガモって特別な料理がないようですね。やはり、「ポレンタにサラミ」しか出てきませんでした。おいしいトラットリアや高級なレストランが多いというのに不思議ですね～え。

そうか。他に特別、「これは」という家庭料理がないからなんだ。「ポレンタでいいや―」となってしまったに違いない。県内でよく作られるサラミともよくあうし、というお気軽な発想からきたものだろう。あくまでも私の考えではあるけれども。

だいたい、ベルガモの主婦たちは、他県に比べると料理へのパッションに欠けているとしか思えない。創意工夫はもちろんのこと、バリエーションのある家庭料理を心がけないマンマが多い。料理よりも、掃除やアイロンがけのほうにいたく熱心。室内はピッカピカだし、果ては下着や靴下にまでプレスが効いているけど、手作りの料理はイマイチなのだ。

よって、木ベラでかき回し続けるのみというポレンタ作りなら問題なし。下準備は不要だし、失敗する心配も皆無。ごくごくシンプルな料理だから。こういうのばかり調理してると、いつまでたってもバリエーションなど出てはこないのだろう。

家庭の料理事情がこんなだからこそ、外食が栄える、充実もしよう。そんな気がしないでもない。グルメ地域でもないのに、美食家の常連客が多いレストランやトラットリアがベルガモに何店もあるのがいい例だろう。

新旧市街には、ミシュランの星つきレストランというのもいくつかある。新市街、駅からすぐ近くの「ダ・ヴィットリオ」は、堂々の二つ星。ベルガモのリッチ族のみならず、グルメなミラネーゼもよく訪れるエレガントな店だ。

いわゆる高級レストランではあるため、ディナーはそれなりの料金をとられる。ワイン込みだと、ひとり一万円ではあがらない。だが、ランチのメニューというのを設定（イタリアでは、どこの店も行なっているシステムというわけではない）。ディナーの半分くらいの予算で食事ができる。

ランチメニューを何回か味わったことがある私。ミシュランの星つきだけあって、洗練されたヌーヴェル・キュイジーヌには違いないが、バターや生クリームの使用は少ない。オリーブオイルの調理がメインの軽い味つけだ。魚、肉料理とも地中海テーストを欠かさない点が気にいった。

「せっかくだから、こういうところでの食事もいいんじゃない？　イタリアのミシュラン星つき店というのも面白いわよ」。日本からやって来る友人や知人たちによくすすめる。皆、「たまにはいいものだ」と満足げ。当然ですとも！　こんなところに毎回、などというのはたまらない。胃も懐も、二、三日でまいってしまう。

倫子さん夫妻にもすすめてみた。「あるんですよ、ベルガモにはこんな店も」というわけで、ランチを推薦したのだった。なにしろ彼女、人間ウォッチングの感性も豊か。スノッブな店で食事をしているイタリア人たちも観察してもらいたかった。

ダ・ヴィットリオの入り口には、いつも黒人のドアマンが立っている。コロニアルなムードを出したい、ということだろうか。個人的には好ましく思わない。

何年か前にフライトしたエールフランスのビジネスクラスがそうだった。その前に乗った際、クルーによる無配慮から、フランス人男性の乗客が何缶ものビールを開けて泥酔。両隣りに座っていた私ともうひとりの日本人が大迷惑を被《こうむ》った。酔った乗客に次々とビールを与え続け、我々にからんできた時にも制止しなかったクルー（男性）に抗議をした。すると、こう返したのだった。「僕が悪いんじゃない」。

これでキレた私は、後日、エールフランス本社に訴状を出した。すべての事実を記したのだった。

たぶん、その訴状によるものなのだろう。次のフライトを、エコノミーからビジネスクラスへと格上げしてくれた。

ところがまあ、不快そのもののフライト。男女クルーのすべてが、やけに気どった黒人ぞろい。これまた、コロニー調の雰囲気演出によるものだろうが、なんとも居心地の悪い十二時間余となった。

そろそろ止めにしてほしい。二十一世紀なのだ。植民地時代を懐古、再現してなになるというのだ。取材のために宿泊したロンドンの高級ホテルCでも黒人のドアマンが多く、重～い気分の私だった。

ダ・ヴィットリオの黒人ドアマンは、エールフランスのスタッフとは違って感じがいい。イタリアだもんね。ツンケンしてたら客を逃してしまう。

ディナータイムではない。昼食なのでややカジュアルな服装で出かけた夫妻。「こんなカッコでいいかしら？」とドアマンに尋ねる。「もちろんですとも！　どーぞ、どーぞ」と戸を開けてくれた。

すると、ジャン・ギャバンみたいな渋い大柄のシニョーレ（紳士）が笑顔で席に案内。「あの人がオーナーだったのかしら？」と言う倫子さんにお答えしましょう。

いえいえ、たぶん、オーナーの父親、あるいは叔父（伯父）さんに違いない。オーナーは三十代の美形男性。知ってるの、タカコさん？　ええ、実は私のアマンテ（愛人）。とか書きたいところだが、だれにも信じてもらえないだろう。昨年、エリザベス女王がミラノ訪問の際、公式レセプションの食事時にエスコートしたのがダ・ヴィットリオのオーナー。写真入りで報道されていたので覚えている。

気品にあふれた華麗なインテリアに、白く輝くリネンのテーブルカバーとナプキン。正しくセッティングされているナイフとフォークはシルバーだし、クリスタルのグラスはパーフェクトに輝いている。

すでに食事を始めていた客たちは、だれもがファッショナブルにドレスアップ。いかにもリッチそうなファミリーもいた。おしゃれなパパとママといっしょの中学生くらいの息子までがコマッシャクレた服を着てる。

——なんなんだ。ここは？　そう思ったわね。昼からシャンパン開けてる客も多かったし。こっちはカジュアルな旅人。ハウスワイン、しかもグラスで頼んだわ。サーヴしてくれたのは、バラ色の頬をしたルノワール調のふくよかな色っぽい女性。クーラーに入ったボトルを運んで来たので、「あのー、グラスワインを頼んだんですけど……」。するとルノワール嬢、「ええ、わかってるわ」とセクシーに微笑んだの。これって、どういうこと？　おいしかったので、結局、一本開けちゃったけど、飲んだぶんだけ支払うってこと？　そういうシステム、あるのかしら？

ありますね、イタリアでは。どこでもというわけではないけれど、高級、ポピュラーにかかわらず、「お好きなだけどーぞ。お飲みになったぶんだけ（料金を）ちょうだいします」という店もある。

知らなかった時は私もうろたえ、「エッ、エッ？　ボトルで頼んだんじゃないんだけど……」と問い質《ただ》した。庶民的な店になると、こんなふうに返される。「心配するなって。好きなだけ飲んでくれ。気にいらなかったら、そのままにしといてもいいよ。他のワインと取っかえてやっからさあ」。でも、たいてい「気にいっちまう」んですね。そして、ほとんど一本、カラにしてしまうのが常。これ、うまい商売テクニックだなと感じる。

ところで、ダ・ヴィットリオの当日のランチ内容はどのようなものだったのだろう。

八万リラ（当時のレートで約四千円）のランチメニューを頼んだふたり。前菜は、夫↓さっとソテーした薄切りサーモンにみじん切りしたフレッシュトマトかけ、そしてマグロのローストのバジル風味、妻↓茄子のパテ。パスタはトマトとセージと肉、香草入りのリゾット。メインが鯛のローストに焼きトマトとポテト。

――デザートがまた凝っていて、カプチーノ・カップに入れて焼いたケーキに、カプチーノを浸したもの。クリームで飾ってあった。もう一品は、無花果にサフラン風味のジェラートのせドルチェ。すべての料理、「……っかな～あ」という感じ。だって、洗練、かつ繊細すぎて、材料も調味も明確に判断がつかなかったんだもん。軽くて風味豊か。おいしいことは確かだけど、「料理アート」という印象。「食べ物」としてピンとこなかったのよお。やっぱり、面白かったのは人間観察のほうね。

と倫子さん。

傲慢、高慢な人相の成金ふうイタリアーノ（イタリア男）がふたり、テーブルに対してハスに構えて座っていた。いかにも上等仕立てのスーツを着てはいるものの、「金はあるけど品位はゼロ」のタイプ。前方に書類のような紙を置いて話している。ジャン・ギャバンとルノワールが親しげに加わり、成金族のエラソーな態度に応じてる。ギャバンは寛容な笑みを浮かべ、ルノワールが色っぽ〜く同調。どうも、金の話をしているらしい。株だろうか？　不動産ころがし？　はたまた政治がらみ？

——時々、「アッフリカーノ」って言葉が出てきた気がするの。私の空耳かしら？　それとも何か特別の意味でもあるの？

「アッフリカーノ」ではなく、「アッファーリ」だったのでは？　仕事、業務、実業、取引、商売などをも意味するイタリア語だ。

ともかく、昨夜のレストラン「太陽」とは正反対のムード漂うダ・ヴィットリオに驚異の彼女。「なんなんだー」の連発だった。

さすが我が友人。鋭いウォッチングにエールを送ろう。

古い歴史に満ちたベルガモだが、「アッリッキート」「ヌォーヴォ　リッコ」と呼ばれる成金が多いことで有名。中小企業のオーナー、建設会社社長なども居住している。パノラミックな旧市街には、ファッションデザイナーをはじめとする各種各分野の有名なアーティストの家もある。イタリア人ならだれでも知っている芸能人も何人か移住してきた。

加えて、ベルガモ全域がムラトーレ(石工)の県。この国の建設物は石レンガがベースなので、商売が上ったりのことはない。他県、他国からの引き合い仕事も常に多く、毎日キャッシュが入ってくる。「教養なし。けれど金はうなるほどある」。これがベルガマスキ（ベルガモ県人）と言われているのだ。

初めてのイタリア旅行で、そこまでも見ぬいてしまった彼女は偉大。こういう観察って、実はこれからの海外旅行の大いなる興味のマトになるのではないだろうか。その意味でも、さまざまなレベルのレストランやバールに入ってみるのが面白い。英国とはまた異なる階級社会が存在するイタリアゆえになおさらだ。

ヴェンベヌート(ようこそ)我が町へ

ベルガモ市内から三十キロほど離れている我が家。バスの利用で一時間近く要する。ミラノ市内からだと列車。やはり一時間弱で到着するものの、悲しいことにごくローカルなステーション。通勤時間でもないと、一、二時間に一本ぐらいしか停まらない。

まあね。住民わずか四千人の小さな町。停まってくれるだけいいとしよう。

なにしろ周囲は畑だらけ。北イタリアの自然公園地域にも指定されているため、建築物の制限が厳しい。工場はおろか、家屋建設の許可さえなかなかおりないようになっている。

それが気に入ったこともあってここに物件を求めたものの、時として思う。「なんて田舎なんだろう」と。今の日本でなら、かなり奥深く入らないことには、このような地域はないだろう。

そんな田舎の我が家に、「行きたい！」という友人や知人が少なくない。「なーんにもないとこなのよ。つまんないわよ〜お」と言ってもダメ。「いいのよ。タカコさんのイタリアでの生活ぶりを見たいんだもん」の一点張りなのだ。

なかには、こんな疑惑をぶつける人もいる。

──本当に料理とか作ってるの？　毎日、手料理？　アイロンがけもしてるって本に書いてたけど、ホントにホント？　なんか信じられない。

トホホホ。いかに日本でなにもやっていなかったかお見通し的な発言。我が父でさえ私のアイロンがけ姿に目を丸くしていたもんな。無理ないのかもしれません。

でも、でも、やってるんですよ、私。ハウスキーパーもいいところで、家事いっさいを切り回している。この国で学んだのだ、すべてを。今や滞伊十六年目。アイロンのプレスなど腕が上り、プロにだってなれちゃうような気がするほど。スチームつきの上質アイロンを購入さえすれば、プロなみにプレスできると知っただけなのだけれど。

ともかく、私の生活ぶりを見たいと希望する人あとを絶たず。倫子さんもそのひとりだった。ベルガモ市内からのバスの便は悪くないこともあり、ミラノに移動する前に来てもらおうと話が決まった。

初めての場所へ行く場合、イタリアのバスの利用はイージーじゃない。車内アナウンスがないのは列車、電車、地下鉄も同じだが、到着時には駅名の表示が大きく出てくる。バスの場合はそれすらない。見当をつけて降りたりすると、とんでもないことになる。たとえ大都市だって、日本とは違い、次々にバスがやってくる国ではないからだ。

ベルガモ駅から我が家近くまで直行のバスに乗ればいいといっても心配。次のように助言した。
――必ず運転手さんに告げてね。「××で降ります。停留所に着いたら教えてね」と。いいのよ、停留所の名前だけで大丈夫！　すぐわかってくれるから。近くに座っている人に頼んでもいい。イタリア人は皆、よろこんで教えてくれるわよ。

方向感覚の鈍い私なんか、何度バスに乗っても正確に目的地で降りられる自信なし。どんな景色でも、ほぼ同じに見えてしまう。ましてや、畑の続く我が家周辺。「ああ、麦の穂がずいぶん伸びた」「トウモロコシの採りどきだな」などと見入っているうちに、停留所を乗りこしかねない。

未だ運転手さんに、「教えてね」とお願いしている始末。すると、「家はどこ？　鉄道の踏み切りの前、それとも後？」と尋ねられることが多い。より近くの場所で降ろしてあげるよ、ということなのだ。「そんなー、停留所でもないのに……」と辞退してもムダ。「いーってことよ」となってしまう。

「停留所名だけじゃなく、イタリア語で言ってみたい」というかたもいるだろう。これでよろしい。

――Scendo《シエンド》 alla《アッラ》 ×××（停留所名）. Mi《ミ》 può《プオ》 dire《ディーレ》?（×××で降ります。教えてもらえますか？）

直訳は、「言ってくれますか？」だが、「教えてね」「呼んでちょうだいね」ということになる。

近くに座っている乗客に頼む場合もこれでよろしい。人相が悪かろうと、トロそうな印象が強かろうと、決して案じることはない。だれもが、「ヴァ　ベーネ（いいよ）」とか、「チェルト！（もちろん）」と言って教えてくれる。自分たちが先に降りてしまうようなら、他の人に頼んでくれたりするのがイタリア人。「この人、×××で降りるんだって。教えてあげてくれよ」という感じ。あくまでも旅行者にやさしい国民性なのだ。

私のアドバイスを素直に守ってくれた倫子さん。運転手さんに告げた言葉は、次のとおり。

――スタツィオーネ　バリアーノ。ディッレ　ペル　ファヴォーレ。

「バリアーノの駅で降りたいの。ついたら教えてね」と言ったつもりだったんだけど、よかったのかしら、これで？　と彼女。直訳すると、「バリアーノ駅。教えて、お願い」となる。いいんです、いいんです、これで上等！　「ミ　プォ　ディーレ？」じゃなくたってちゃんと通じます。

その証拠に、運転手さん、わかった気配。笑顔で頷《うなず》いてくれたそうだ。「よかった！　乗りすごしたらタイヘンだもん」。そう思いつつ席に座ると、斜め向かいのシニョーラが振り返って、「……？」。わからない。なんだろう。すると、健一さんがこう言った。

――キミがさっき切符買ってる時、俺にいろいろ教えてくれた人なんだよ。

「なにを?」。「わからないけど、なにか教えてくれたのは確かだ」。さーて、困った。どう返したらいいんだ? 黙っているのはいくらなんでも失礼。この御親切にはなんとか応えたい。そこで彼女、イタリア単語を並べた。

――ミア アミーカ(私の友だち)、カーサ(家)。フェルマータ(停留所)、デット アウティスタ(言った、運転手)。

これが、よかったんだか悪かったんだか。人なつっこいシニョーラは、ますます身を乗り出してきた。そのイタリア語が言えた以上、もっといろいろわかるはず。おしゃべりしようじゃないの。とばかりに、突っこんで話してくる。

うーむ、しまった! 「I can not speak English」は知ってるが、「私はイタリア語が話せません」というイタリア語、覚えていない。わーん、どうしたらいいんだあ(㊟「Non《ノン》 parla《パルラ》 Italiano《イタリアーノ》」と言えばよし)。

「ダメだ、このジャッポネーゼ(日本人)は」とあきらめたシニョーラ。肩をすくめ、前方を向き始める。情けなし……。

やがて、シニョーラ、下車の様子。降りる直前、運転手さんに告げた。

――あの人たち、バリアーノで降りるんだからね。いーい? ちゃんと降ろしてあげなさいよ。

「こういう会話って、感じでよくわかるの。オバちゃんのやさしさが身にしみたものだわ。イタリアのマンマって面倒見がいいなあ。ありがとう。達者でね。心からそう思ったものよ」。

こういった出会い、ふれあい、親切が、イタリアの旅では実に多い。ときには「ツー・マッチ」なことがあるのも事実ながら、この国においてはごく当然のリアクション。土地に不案内な異国の人がいたら声をかけ、よろこんで可能な限りの手をさしのべようじゃないか。我々が他国へ行った時にはお世話になるんだからお互いさま。人間、持ちつ持たれつ。助けあっていかなくっちゃ。これがイタリア人の考え、そして人生観なのだ。

初めての地、場所にキョロキョロしている我々に、ごくナチュラルな話しかけをしてくるのはそのせい。無意識ともいえるホスピタリティー、はたまたヒューマニズムによるものなのだ。

それを、「うざったい」とのみ感じるようでは、イタリアの旅を楽しむに値せず、と断言したい。素朴な思いやりや親切を「おせっかい」としか受け止められないような人には、この国の本当のよさはわからないことだろう。ひいては、イタリアだからこその人間味あふれた想い出など残らないに違いない。

ちょっと理屈っぽくなったようだ。我が町バリアーノに到着した夫妻の旅に戻ろう。

実は、バス停にて出迎えるはずだった私。あたりまえですよね。初めて来てもらうのに、

「そこで待ってて」もないものだ。けれども、ここはイタリア。バスや列車の発着時間はまるであてにならない。当地のようにローカルな土地ともなるとなおさらだ。三十分はおろか、一時間以上の遅れも珍しくはない。

幸いなことに、バス停のすぐそばにはバールがある。到着遅れ、雨降り、その他のハプニングも考え、バールでの待ちあわせにしておいた。

犬を連れ、出迎えようとした瞬間に電話が入った。日本からの仕事上の連絡。いーや、いーや、どうせバスは遅れて着くことだろうから。十分近く話しこんで家を出ることになった。

待ちあわせのバールに近づくと、テラスでビールを飲んでいるカップルあり、おー、すごい！ なんともシックリ、この国に馴染みきったかのような倫子さんと健一さんの姿だった。

「わー、ケンちゃ〜ん」。我が犬の名を呼んでくれる倫子さん。激しく尾を振り、彼女にバッチョ（キス）のケン。顔をペロペロなめるのにすぎないが、私は「キス」と称している。

イタリアにだってそうそういないくらいの長身の健一さんも、ビールを前に最高の笑顔。日本でも「いいオトコだな」と感じたけど、ここイタリアではさらに魅力的。すっかりこの国を楽しんでいるようだ。「ヨーロッパには絶対行かない！」などと宣言していた人だなんてウソみたい。

いいぞ、いいぞ。このぶんなら、イタリアの旅を満喫するに違いない。リピーターともなりそうな気配だ。「一、二年、住んでもいいな」となることだってありえそう。口にこそ出さなかったものの、直感した。

バス停から三分とかからない拙宅まで歩く途中、倫子さんとこんな会話。

――バスを降りて、ちょっとキョロキョロ。言われたようなバールはあるものの、タカコさんってホラ、あわて者じゃん。時々、超アバウトなこともあるの知ってるからね。本当にここでいいのかなー、って見回してたの。

――ハハハハ。言えてる！　今まで何回もおマヌケなミスやチョンボしたもんね。

――でね。ちょっとボーッとしてたら、小川の縁でひなたぼっこしていたおっちゃんから声かけられたの。「どーした？」と聞かれたので、またイタリア語並べよ。「アミーカ（友だち）、カーサ（家）。グラッツィエ（ありがとう）」って。あのおっちゃん、だれだったんだろ。

――あ、色黒でヤセギスの中年男性でしょ。ホームレスのオジさんなの。よく駅にいて、止まった車に小金の物乞いとかしているのよ。

――エーッ、そうなのお？　当惑している私たちのこと、本当に心配してくれてたみたいだった。イタリアって、ホームレスの人まで親切なのね～え。

そうかもしれない。

いつかミラノの地下鉄の駅前で、入り口の場所探しをしていた私。そばに座っていたホームレスのオジさんが声をかけてきた。しかも、きれいな発音のイングリッシュ。「ここは古い入り口。今はあっちから入ることになっているよ」。

「グラッツィエ。モルト　ジェンティーレ（ご親切にありがとう）」と礼を告げたら、「You are welcome」の英語が返ってきた。愉快な国でしょ、イタリアって。

イタリアの日本人の家

「ひっろーい、きれ〜いっ！」

我が家へ入るなり、倫子さんが叫ぶ。ムッフッフー、知らないのね、イタリアの家を。どこだってもっともっと広いし、私の家より汚ないところを見つけるのは至難のワザ。イタリアにあっては、ごくパルティコラーレ（特殊）となっている。

イタリア人の家なんて、新旧の建築物にかかわらず、隅から隅までピッカピカ。靴のままでお邪魔するのがはばかられることばかり。我が家とのあまりの大差に、泥よけ用のカーペットで何回も靴をこすりつけ、動かし続ける私。いつも、「なにやってるの？　早く入っておいで」と言われるほどだ。

あまりの行き届いた清掃ぶりに、心から感嘆。やがて、次なる疑問が生じてしまう。

――なぜここまできれいにしなくちゃいけないの？　ビョーキよ、ビョーキ。イタリア女性の掃除好きってクレージーよ。

なにしろ、「汚れる前に掃除」という主婦だらけ。おまけに、整頓の能力にも秀でているのでこわいもの知らず。いつだって、室内は新築当時のきれいさを保っていられる。

いいんだ、私はイタリア人じゃない。Sono《ソノ》 proprio《プロプリオ》 Giapponese《ジャッポネーゼ》（まったくもっての日本人）だ。うまいもんですよ。散乱しまくっている品々を無理矢理にあっちこっちの家具に放りこんじゃうテクニックなんて。掃除のほうは、目につきそうな場所しか行なわない。よって、どこかを開けるとなにかが飛び出してきたり、部屋の隅にはゴミや黒ズミが残っている。テーブルやインテリア家具の上は、人さし指をサッとふれると、そこだけきれいなラインができる。つまり、拭いていないということ。こんな家、イタリアにはまずありえない。けれど、イタリア家庭をまだ訪れたことがない夫妻は、「イタリアの日本人宅」に好意的な視線のみ。ごくグローバルな感性で見てくれる。

この国の慣習に従い、一部屋ずつ案内する。ガイド役はケン。いつだって決まって先を歩きたがる。「ここ、ぜーんぶボクのウチ。見せてあげるね」。どうも、どうも。ケンがいるからね。いくら掃除してもきれいにならないのよ。言い訳するにはちょうどいい。

次なる倫子さんの「うわーっ！」はバスルーム。バスタブが「デーン！」とあるだけで、シャワーカーテンひとつないじゃない。どうやって使うの？　背中とかゴシゴシ洗ったら、石鹸の泡がハネない？　流す時、お湯は飛びちらないの？　日本人なのに、どっぷり湯船につからなくて大丈夫？　などなど、質問だらけ。

これは、ほとんどの日本人から示される疑問の由。「よくもまあ、こんな長いだけのバスタブで……」の不可解さを隠そうとしない。

毎日使用している当人としては、「そんなことないわよ。なんの問題もなし」と答えるのみ。ところが、よくよく考えてみると、ヨーロッパ暮らしを始めた一九八五年の何か月間かは、それなりにジャパニーズ使いをしていたようだ。

当時の生活はフランス。現在のバスタブよりも小さめのサイズだった。日本とは異なるタブゆえ注意して入浴したものの、使い終わると飛びちったお湯がいっぱい。ロングサイズのタブのほうは、旅先のホテルで慣れ親しんでいたため問題なし。むしろ、体をゆったり伸ばせる西洋式バスタブのほうが私にはリラックスできる。

お湯の飛びちりがなくなったのは、どのくらいたってからだろうか。数か月を要したかもしれない。単純なことながら、習慣によるもの。この十五年間は、いっさい飛びちらすことなく入浴している。

日本人は、どうしても西洋のバスルームにギョッとするらしい。バスタブもさることながら、ビデの存在にも親しめない人が少なくないようだ。

他のヨーロッパ諸国と異なり、イタリアでは各家庭、ビデの設置が法律化している。つまり、ビデなしの家屋には建築物としての許可がおりない。よって、ホテルにもほとんどビデはついている。

性器の清浄のみがビデの使用法にあらず。イタリアでは、足を洗う時に使うケースがとても多い。外出から戻り、すぐビデで足を洗う友人や知人を何人も知っている。好ましい習慣と感じ、今ではマネをしている私だ。

昼食の時間が近づいた。これまたこの国の慣習に従い、食前酒を飲んでもらう。「カンパリとマルティーニ、どっちがいい？」。「うーん、そうねえ……マルティーニ！」。ドライのマルティーニにオリーブの実、そして生ハムを添えて出す。

それを前菜がわりにしてもらい、お次はパスタ料理にとりかかる。イタめしにも興味津々のふたりのため、家庭料理のご披露とあいなった。

簡単なんです、とっても。近所のシニョーラに教えてもらった「生ハムのトマトソース味」パスタ。タマネギをきざみ、オリーブオイルで炒め、生ハムも加えたところでトマトペーストも入れて煮込むだけ。生で食べるハムを加熱しちゃうとこがちょっとユニーク。「生ハムを買ってきて何日かたつと、ややパサついたりするでしょ。そういう時にいいのよ」と教わったのだ。

その間、メイン料理である魚にもとりかかる。こちらも、書くのが恐縮なほどイージーな作り方。庭から摘んできたバジル、ローズマリー、セージなどのハーブ類を、黒鯛のお腹に詰めこんだだけ。本日はスチーム仕上げなり。オリーブオイルを少したらした黒鯛をアルミホイルに包み、蒸し器にポイと投げこめばよし。こんなイージー、かつ便利な料理もそうそうない。

では、パスタを茹でよう。地下のカンティーナ（貯蔵庫や作業所として使用する部屋）に降りて、何種類かのパスタを抱え持つ。

――今日のソースにはどのパスタがいいかしら？

プロの料理人、健一さんに尋ねる。

――ソースが少し重めなんで、太めのパスタがいいんじゃないか、と。

スパゲティなどは避け、ペンネを食することになりました。

このパスタ選びのセレモニー（？）に感激してくれた倫子さん。「うれしかったわ、あの時」と、未だに言ってくれる。実はこれ、二十数年も前に、シエナの友人がしてくれたもの。何種ものパスタをドーンとテーブルに置き、こう言った。

――さあ、タカコ、どのパスタが食べたい？　今日はあなたが選んでね。

七、八種類ものパスタがドサッと並んだ壮観さ。すべて一キロ入りの袋。そのダイナミックさは今でも忘れられない。イタリアってなんと豊かな国なんだ、と思ったものだ。同時に、「マンマの懐」の大きさ、あたたかさを痛感した。

マエストロ（師匠）健一がセレクトしてくれたペンネは、本日のソースにピッタリ。さすが腕のいい料理人と感心しつつ、我がシンプル手作りを召し上ってもらった。

パスタを食べ終わった頃には、オラータ（黒鯛）のスチーム料理ができあがる。コントルノ（付けあわせの野菜）は、いっしょに蒸したズッキーニ。それにトマトも添えて、ごく伝統の家庭のお味。

きのうのランチも鯛料理だったそうで、「ごめんねー、二日も続けて」。

――いいのよ。きのうはグリル、きょうはスチーム。イタリアの鯛料理を二種類も食べられるなんて幸せ。ラッキーよ。

と言ってくれる。良き友だちを持ってことこそ幸せなり。

すっかり気をよくした私。さあさ、魚にかけてちょうだい、このバルサミコ酢。いただきものの三十年ものを気前よくすすめる。

自分では決して買えない高価なこのバルサミコ酢を、ドバドバーッとかけてくれちゃったヤツがいたなあ。拙著の熱心な読者のおひとり、アパレル業界社長のKさんの息子。「うまいやあ」と、料理のみならず、ジェラートにまでかけてくれちゃった。おい、おい、ダイ君（彼の名前）、ウチはあんたとこみたく金持ちじゃないんだぞ。内心、マッサオになった私だった。

イタリアでは、仕上った魚料理にオリーブオイルやバルサミコ酢をかけることが多い。日本でいう醤油のようなもの。

「それは知ってたのよ」と倫子さん。

——なんかの本で読んだことがある。でも、ハー？　そうですかぁ……、って感じ。油や酢が醤油のわけないじゃん。なんだかなー、と不可解だった。どうも試す勇気がなかったけど、こうやって現地で食べてみてよーくわかったわ。香りのいいオリーブオイルは、油なのに魚の味の重さをとるのね。バルサミコ酢のほうは鯛の脂の旨味をひきたててくれる。こうやって、ひとつひとつ舌で納得していくのってすごく楽しい。

そんなこんなの昼食が終わり、エスプレッソにグラッパなどを飲んでさらに談笑。やっぱりいいな。親しい人たちとのひとときって。ケンまでがいつも以上に目を輝かせているようだった。

でも、残念ながら、時は永遠にあらず。今夜は、こちらで予約の叶ったミラノ泊。そろそろ列車の時刻が迫ってきた。

たった半日だけではあったけど、あまりにも楽しく充実したひとときだったので、なごりおしい。ケンといっしょに、バリアーノ駅までお見送り。「バイバーイ。また来てねー」と、さいごまで愛想のいいケン。

——いろいろありがとう。さようなら。

——こちらこそ、たくさんのお土産、ありがとう。楽しい旅を続けてね。ミラノの駅、まちがえないでよ。

——うん、わかった。じゃあね。さよなら。

——さよなら〜。

なんだかせつない。またまた、チャンドラーの作品に登場の一文を思い出してしまった。

「さよならをいうのは、わずかのあいだ死ぬことだ」。

第3章

個人旅行の醍醐味

ホテルあれこれ

本当は、「ベルガモのホテルにもう一泊していいな」と思っていたふたり。が、それまで宿泊の「太陽」旅籠は満室。追加の一泊はとれなかった。

ベルガモの後の目的地はトスカーナ地方のルッカ。我が家で午後の半日をすごしたため、そのまま向かうのには遠すぎる。では、ミラノに一泊しよう。日本の旅行代理店では予約できなかったものの、あきらめてはいけない。現地ならではの作戦を練った倫子さんだった。

――国際的な展示会で混《こ》んでる時期でしょ。仕事できてる人たちがほとんどのはず。だったら、いわゆる「社用族」よね。それなりのホテルに宿泊するに違いないとふんだのよ。不便で三流のとこなら、今からでもとれるかもしれない、って。ガイドブックに載ってた二つ星に問いあわせたら、読みがバッチリ。部屋の予約ができたのよ。

それでも、「けっこう大変だった」と彼女。いくら相手が英語を話せても、電話での問いあわせはラクじゃなかった様子。さりとて、直接ホテルへ行っての交渉もリスクあり。「空室なし」の連続で、街中をさ迷い歩くことにもなりかねない。

観光地では、駅、その他にインフォメーションセンターがある。ホテルを斡旋してくれるので利用する人も多いだろう。私は一度も体験がない。信頼できないわけでは決してないけれど、ホテルは原則として自分でとることにしている。

若い頃は、ほとんど飛び込みでの宿泊が多かった。なるべく日中に到着するようにして、駅前やメインストリートではない場所の小さなホテルを探した。友人といっしょの時は、荷物番をしていてもらう。交渉は私の役目だった。ひとり旅なら、ひとまずスーツケースを駅のデポジットに預けてからの探索。イタリアに限らず、ヨーロッパ中のホテルにこうして泊ったものだ。

苦労はある。時間も要する。だが、グループツアーの客たちは決していない落ち着いたホテルを選ぶことができる。自分で直接あたるぶん、好みに叶ったところか否かも判断可能。インフォメーションセンターで紹介してもらったのではそうはいかない。

到着が夕刻以降となった場合はどうするか？　その前に宿泊のホテルに相談することが多かった。すすめてくれたところに電話を入れて予約する。ホテルの人が「こちらからしてあげよう」ということもずいぶんあった。

イタリア暮らしの現在は、「これは」と思えるホテルを何か所かリストアップ。まずはファクシミリにてパンフレットを求める。もちろん、宿泊料も必ず添えてほしい旨伝えて。すぐ送付してきたホテルに手紙や電話でコンタクト、あるいは折り返し予約を入れる。

面倒？ いえ、英文にてパンフレット請求のファクシミリを出すなんてシンプルな作業。どのホテルにも同文でいいのだ。一文を作り、コピーしておけばすむ。

英文がいいと感じるのは、ガイジン好きな国民性のイタリアならでは。特に、日本人だとなおさら好意を持ってくれる。親切に応対してくれ、部屋のアップグレードまでサービスとなるホテルだってある。

イタリアの場合、ミラノやローマ、フィレンツェ、ボローニャなどの大きな都市でも、「需要」に対する「供給」が不足しているホテル事情がある。最悪が、展示会開催時期のミラノとボローニャ、そして観光シーズンのローマ、フィレンツェ、ヴェネツィア、など。めぼしいホテルは何か月も前から満室。二つ星でも空室わずか、などという状況になってしまう。
三、四年前、急にボローニャ泊となった時は大変だった。展示会の時期とぶつかり、どこを当たっても「Siamo《シアーモ》 al《アル》 completo《コンプレット》（満室です）」の返答のみ。どうしたものか？ 「ボローニャからそれほど遠くないモデナかパルマに宿をとったらどう？ レェッジョ・エミーリアでもいいんじゃない？ それでもダメなら、マントヴァ泊というテがあるわよ」とアドバイスされた。
遠距離ではない三都市はすでに満室。やや離れるマントヴァに予約することができた。

当初の予定、希望とは異なってしまったが、個人の旅だからこそできる変更。解決策の幅が広いのは、フリーツアーの大きな利点といえるだろう。

おかげで、予期せずしてマントヴァの良さを発見。ボローニャへ向かう途中の町では、格式とお味のわりにはエコノミーな魅力あるレストランまで知ることができた。

ミラノ泊をあきらめている倫子さん夫妻が、現地で宿泊を可能にしたのも個人旅行だからこそ。「予約できるなら、二つ星だってかまわない」という柔軟な対処がものをいう。

この星の格付けというのも、イタリアの場合クセモノ。政府観光局によるカテゴリーの分類だというのに、「違うんじゃないの？」と首をひねるホテルがけっこう存在している。

たとえば、最高級レベルとされる五つ星でも、三つ星にも劣る品格、サービスのホテルがある。私の知っている限りでも一か所のみではないから始末に悪い。高級カテゴリーの四つ星は、五つ星より数が多いだけになお困る。ピンからキリまでもいいところ。格安グループツアーの四つ星ホテルなどがいい例で、味気なしのビジネスホテルふうだったり、とんでもない立地条件に位置したり、というぐあいだ。

逆に、三つ星クラスのプチホテルなどのなかには、高級ホテルなみのインテリアやサービスを受けられるところもある。そのようなホテルはグループツアーの宿泊不可能なケースが多いのも事実。アットホームな歓待を得たりもするものだ。

初めての土地でのホテル選びくらい難しいものはない、とよく思う。それは、レストランのセレクトよりもずっと困難。レストランなら、土地っ子の評判からだって見当がつくけど、ホテルの場合そうはいかない。実際に宿泊した人などまずいないだろうから、真のコンフォートぶりは伝えてもらえるわけがない。

ガイドブック、宿泊体験者のおすすめによるホテルというのも疑問が残る。宿泊場所の好み、条件の良し悪しは、ごくごくプライベートな判断からくるもの。アメリカナイズされたモダンなホテルを快適と感じる人は、由緒はあってもアンティックだらけの古いシステムのホテルを好ましいとはしないだろう。

また、ある人にはノーブルなサービスと思えることでも、他の人には「気取り」「迷惑」としかとれないかもしれない。

たとえば、取材で宿泊の五つ星。夜、部屋に戻ると、私のナイトウェアがベッドの上に置かれている。しかも、シャレたつもりでの斜めがけ。よく、高級ホテルのパンフレットなどに登場のアレだ。

これを、「ステキ!」とする人もいるだろう。まるで映画や小説のワンシーンみたい、と。バトラー（執事）のいるホテルなんて憧れだわ。貴族の宿泊を体験できそう。などなど——。

私にとっては迷惑、いや、無礼千万。「人の持ち物、勝手に移動させないでちょうだい」となってしまう。斜めに置く必要だっていっさいないでしょうに、なんだってこんなにナンセンスなことをするのかしら。

ことほどさように、ホテルに対する印象、嗜好は人さまざま。自分の好み、目的に近い宿をとりたかったら、ガイドブックや口コミでの情報は、あくまでも「ほんの参考」としておきたい。一泊のみの時ならともかく、何泊か滞在するなら、やはり、手紙やファクシミリなどでのコンタクトから始めることが理想。即刻、丁重な返信がきたら、大きな信頼に価いする。パンフレットを送ってもらい、室内の様子もチェックするといい。

ホテルからの返信には、フロント、あるいは予約のマネージャー名が記されているかもしれない。必ずその名前あてに主なる文面を送ろう。マネージャーには多くの権限があるため、より良いサービスに努めてくれるはずだ。

日本と異なり、規定の条件でもなにかと融通をつけてくれることが多いヨーロッパのホテル。コンタクトをとればとるほど、例外的なサービスをも提供してくれたりする。部屋のアップグレードのみならず、特別料金のオファーがあり驚いた体験もしている。

特にイタリアは、マニュアルどおりではないホスピタリティーで作動する国。ホテルもいい例なので、他国にはない特典、特例を受けたりもすることだろう。そのぶん、キチンとシステム化されていないホテルが少なくないのも事実。二つ星はおろか、三つ星のホテルだって、予約状況をコンピューター処理していないホテルがほとんどだ。子供が使うようなノートに手書きで予約者氏名を書き込んだりしている。

拙宅近くの三つ星ホテルもこのパターン。字までが子供のように拙いので、なんだか心もとない。ミス、記入忘れなどもあるような気がしてしまう。

やはり、文面による予約確認をもらい、持参するのがいちばん。電話での予約の場合も、改めてファクシミリ送信などをしてもらう。ファクシミリシステムもないホテル、あるいは時間的な余裕がなかったら、電話を受けた人の名前を尋ねてメモしておく。ホテル到着時に「予約が入っていない」などと告げられた場合、その名前を伝えれば、ひとつの確認事項となるからだ。

ベルガモからミラノのホテルに予約を入れた倫子さんも、私のアドバイスどおり担当者名をゲット。ホテル・フローレンスのリジさんという男性だったそうです。

大都市の駅にご用心

我が町バリアーノから、ローカル列車に乗ってミラノへ向かった夫妻。ホテル・フローレンスは中央駅の近くではない。ひとつ手前の駅で降りてからタクシーを利用したほうがより便利。距離的な面のみならず、夕刻による混雑時ゆえ、大きな中央駅はスムーズな身動きができないからだ。

ミラノ市内には、いくつかの列車の駅がある。旅行者が通常利用するのは、次の四駅。①中央駅　②ランブラーテ駅　③ガリバルディ駅　④ジェノヴァ駅。ロンドンやパリの市内に数か所の鉄道駅があるのと同じ。ミラノの場合、ほとんどの国際列車が中央駅の発着となるが、他の列車は発着が異なるので注意が必要。

中央駅などの終点まで行くならともかく、もっと前で降りる場合はどうしたらいいか？　前章でもふれたように、イタリアでは車内アナウンスがない（ＩＣ＝インターシティ、ＥＳ＝ユーロスター、などの国際特急列車は別）。到着時間を調べておいても、さして参考にならないのがこの国の交通機関。表示時刻どおりの到着となるほうが稀有《けう》だから。

バスとは違い、車掌さんに、「××駅で降ります。着いたら教えてね」もアテにならない。

一、二両編成の列車などほとんどないため、わざわざ告げにやって来てもらえるとは限らないからだ。
でも、とにかく、必ず何回か回ってくる車掌さんに伝える価値はある。近くに座っている人たちが耳にしていて、目的の駅が近づくと、「次だよ」と告げてくれるのがふつうだ。

こんなこともある。今年の五月、知人のDさんがラヴェンナへ旅した時のこと。出発したのはボローニャ駅。なぜか、ラヴェンナへの直行列車が間引き運転となってしまった。どうやら、乗り換えが必要らしい。ともかく、リミニ行きに乗るように教わり、列車に飛び込んだ。教えてくれたのは、その列車乗務の車掌さん。「とにかく乗れ。あとで俺が説明してやるから」。発車後やって来た彼は、ファンツァ駅で乗り換えるように言い、紙にもキチンと書いてくれた。そして、ファンツァ駅が近づくと、通学途中の女子高生を連れてきた。「彼女もラヴェンナへ行く。いっしょについて行くといい」。親切な車掌さん、そして女子高生のおかげで、無事に乗り換えと目的地着を果たせたという。

ストレートに、近くの客に告げても無論かまわない。駅名を連呼しただけで、すぐにわかってもらえる。目的の駅までの所要時間が近づいたら、再度、降りたい駅を連呼すれば完璧。決してまちがえることなく到着できる。

むしろ、やっかいなのは大きな駅での列車の乗りかた。いくつものホームがあって当然。他国の状況と変わりはないが、発車するホームが突然変更したりするイタリアなのでたまらない。電光掲示板に表示された発車ホームを鵜呑《うの》みにして待っていると、別のホームから列車が出てしまった、などということもある。

発車ホームの変更は、駅構内にてアナウンスされるのが通常。でも、大きな駅の喧騒の中では、なかなか聞きとれない。イタリア語のみのアナウンスでは、聞こえたとしても意味不明となったりするだろう。

そこで、列車入線の間近まで掲示板で確認したほうがいい。表示されたホームへ行っても、安心してはいけない。周囲の乗客に尋ねてみる。やはり目的地の駅名を告げるだけでけっこう。確かにそのホームでいいか否かの返答は、すぐに理解できるに決まっている。

確かに神経を使う列車の利用。オーガナイズされつくした日本の鉄道事情とはかなり異なる。けれども、苦なくして楽なかりけり。これが個人旅行。きっといい想い出につながるできごとの数々に遭遇することだろう。

大都市の駅には必ず荷物の一時預かり所がある。deposito《デポジト》 bagaglio《バガーリイオ》という。発車時間に大幅な余裕があったり、乗り継ぎへの待ち時間が長い場合は預けたほうがずっとラク。大丈夫！これは安全。荷物が紛失したり、中に入れてあったものが抜き盗《と》られたりというトラブルは耳にしたことがない。

さあ、身軽。駅の周辺をウロつこう。などとは考えないほうがいい。特に、ローマのテルミニ駅、ミラノ中央駅近くは、日中でも治安が悪い。職のない難民がグループでたむろしてたり、スリが目的のジプシーの姿も多い。三、四時間もの待ち時間があるなら、タクシーや地下鉄を利用。街の中心地へ出てしまったほうがいい。市内観光、あるいはショッピングを楽しんだり、パノラミックな場所でお茶をするのもおしゃれ。

一、二時間ぐらいしかない場合はどうするか？　駅周辺の高級ホテルでのティータイムをすすめる。ついでに、きれいなトイレにも入って列車の旅へ備えることもお忘れなく。ミラノ中央駅周辺なら、五つ星のエクセルシオール・ガッリア、四つ星のミケランジェロのティールームがおすすめ。徒歩約十分の五つ星、プリンチーペ　ディ　サヴォイアやパラスなら、ミラノコレクション中のスーパーモデルも滞在のホテル。ゴージャスなロビーにてお茶を所望するのも話のタネとなるだろう。

なんだかネガティヴな印象ばかり与えたような大都市の駅状況。お楽しみがなにもないかといえば大まちがい。いくつかあるキオスクの規模も大きいため、各種の雑誌類が並んでいる。イタリア語を解さなくても、なかなか興味深い。ファッション、料理、スポーツ、などなど、イタリアならではの分野のマガジンを選び、車内でながめるのも悪くない。見た後は、日本の友人へのお土産として使うことだってできる。

大きな駅のキオスクには、なぜかセンスのいい絵はがきやグリーティングカードがそろっていることを御存知だろうか？　特にミラノとフィレンツェの駅に注目していただきたい。観光地で売られているダサイだけのポストカードとは異なる、アーティスティックなものが豊富。ミラノの中央駅へ行くたび、一枚、二枚と求めている私。今では、売り場の長髪お兄ちゃんと、すっかり顔なじみになってしまった。

薬局があるのも大きな駅ならでは。薬品のみならず、化粧品やヘアアクセサリーなども置いてある。品質は保証つきのものばかり。お土産用に求めても失敗しない。

両替え所が長時間にわたって開業しているのも利点。レートも悪くない。ホテルで換金するよりもはるかに高い。銀行が閉まった時などは、大きな駅で替えたほうがいいだろう。

ところで、両替えに関して、倫子さんより怒りの発言。

——イタリアへの到着が金曜日の夜だったから、出発前に日本で当座のお金を替えてきたのね。ギリギリの金額、というのも不安だったから、いくらか多めに。それがなくなったので、イタリアで両替え。日本でのレートとまるで違ってたの。リラがメチャクチャに低かったのね、日本でのレートって。必要最小限に替えてくれればよかった。

これは、イタリア旅行体験者からよく出る声。特に、金曜日の夜から日曜日にかけてイタリア着する場合は、いくらかの現地キャッシュを持って入国したいのは人情だ。けれど、日本でのリラへの換金は実に高い。「かわいそうなリラ。こんなに見下されちゃって」というくらい。イタリアで両替えするよりも三十パーセント近く高いのではないだろうか？

そこで、リラのキャッシュは、タクシー代にプラスアルファーした程度にしておく。銀行が閉業のウィークエンド中だって、駅やホテルで両替えしたほうがずっとお得。くれぐれも、出発前の成田や関西空港内銀行で大量のチェンジはしないことだ。

けれども、このような懸念は、二〇〇二年一月には解消される。一月一日より、ユーロの使用がスタートするからだ。EUのほとんどの国での共通貨幣ユーロへの換金なら、レートが高い、低いもなくなる。安心して日本から換金してかまわない。

ちなみに、二〇〇二年の二月二十八日までは、ユーロのみならず、現地通貨の使用も可能。三月一日からユーロのみの通用となる。これはもう、大革命。ただでさえ計算の苦手なヨーロッパ人が、ユーロへの換算に慣れるまではパニック状態となるような気がする。

ユーロ統一に備え、EU諸国では、すべてのレシートにユーロでの金額表記も添えている。が、ユーロ価格を確認する人はごく少ない。皆、「なーに、その時がきたら……」と思っているのだろうけど、各所でさまざまなミスやカン違いが生じることだろう。

幸い、イタリアリラとの比較換算はかなりシンプル。一ユーロが一九三六リラなので、約二千リラと考えていい。他国に比べ、大変にイージー。アバウトな国民性のイタリア人にとってラッキーだといえるだろう。

ついでに、日本円とユーロの関係もシンプルになってほしいと願う私。一ユーロが百円というのがいいのではないか？　こういう考えこそが単純すぎるのでしょうね、きっと。

イタリアの電話事情

ミラノで一夜をすごした倫子さん夫妻。次なる旅の地、トスカーナ地方の町ルッカへ出かけるのはお昼すぎ。午前中の半日を、ミラノの観光に当てることにした。「ぜひ、ドゥオーモに！　そしてガレリアにも」と。

ホテルでの朝食後、タクシーにてミラノ中央駅へ向かう。まず、荷物を一時預けして、ルッカ行きの列車チケットを購入。私の助言どおり、ミラノ↓フィレンツェはユーロスターの二等車。フィレンツェ↓ルッカはローカル列車だ。

「ユーロスターなら二等車」というのは、イタリア人から教えてもらった。他の特急列車と違い、一等車とのシート差はないから。音楽のイヤホーンがサービスされるのが一等車。それだけで、トータル料金に約五十パーセントの差が生じてしまう。

――そんなのバカらしいだろ。二等にしなさい。ユーロスターなら、なんたって二等！

仕事での旅行中、ユーロスターの一等席に座っていた時に教えてもらう。隣席のシニョーレによる発言。イタリア国鉄の関係者だとか。なんだかおかしい……。

ドゥオーモへ行く前、夫妻にとっての「難関」が待ちうけていた。帰路フライトのリコンフアーム（搭乗確認）。多くの航空会社が不必要となった昨今ながら、まだ続行のところもある。夫妻の利用したエールフランスもその一社だ。

――個人旅行の面倒さよね。大ッキライなのよ、リコンファームって。

同感！　かつてはすべてのフライトに必需だったため、ユーウツな思いは充分に体験している。何回かけても話し中で録音テープが流れるのみ。通じたら通じたで、ネイティヴじゃない英語は聞きとりにくい。「お客さまのお名前のスペルをお願いします」もイヤだった。「トーキョーのT、アメリカのA、キョートのK、またアメリカのA、キョートのK、オーサカのO」などというぐあい。TAKAKOのスペルはまだいい。HANZAWAの姓がやっかいだった。こちらはキチンと伝えているつもりなのに、「ハッ？」などと聞き返されたりもして、アンタらはプロでしょ。英語ぐらいスムーズに解しなさい。などと怒鳴りたいこともよくあった。

今からすると、ホテルのコンシェルジュにお願いするというテがあったと気づく。客へのサービスを務めとする彼らが、引きうけてくれないわけがない。ホテルの格により、五千リラから一万リラ（約三百円から六百円）のチップを渡して依頼するのがスマートだろう。

ともかく、「覚悟を決めて」、駅構内の公衆電話からエールフランスに電話をした倫子さん。つながらない。コインのせいかもしれない。テレホンカードを買おう。

イタリアには、五千リラと一万リラのカードがある。日本のようなデザイン上のバリエーシヨンはなし。素っ気ない色づかい、柄のものばかり。アートの国なんだから、もう少しファンタジーがあってもいいだろうに……。そのせいか、一時、日本のテレカが大人気。使い古しのカードを集めるイタリア人がずいぶんといた。一説には、何枚か集まれば現金化も叶うと聞いた。

何回、「タカコ、持ってない？」「日本から送ってもらえない？」と頼まれたことか。町内の銀行員までから懇願され、苦笑したものだ。ケイタイの大普及により、今では所望する人もごくわずか。ヤレヤレと思っている。

倫子さんは五千リラのテレカを買うべく、自動販売機に一万リラ札を入れる。カードは出てきたものの、お釣りが戻らない。「なんでー」。やけになって、ボタンをもう一回押してみる。すると、別の五千リラカードが出てきた。えーい、もう、勝手にしろ～。

カードを入れてダイヤルを押したけど作動しない。ん？　もう一枚のほうで試してもダメ。も～お……。

二枚のカードをとっかえひっかえ。試行錯誤してトライし続ける。ウンともスンとも反応しないイタ電。なんだってーの？

——すると、少し離れたところで電話を磨いていたお兄さんがやってきて、「ホラ、見せてみい」。私の持ってたテレカを取り、教えてくれたの。「ここの端を折ってから入れないと使えないんだよ」って。そう言われてみれば、イラストで説明されてた。焦ってたのね、私。なーんにも見てなかったってわけ。

彼女が初めてではないテレカ使用ミス。今まで何人もの友人や知人たちがカードを置いていったことか。

――電話、通じなかったの。イタリアって、公衆電話が壊れてる場合が多いって聞いてたけど、ホントね。結局、テレカは使わなかったので置いてくわ。タカコさんなら使う時もあるでしょ。

――どれ、どれ。カード見せて。あー、やっぱり！　これね、端を折ってからじゃないと通じないのよ。ホラ、折れ線がついてるでしょ。

――エーッ、そうなのお？　あ、本当だ。ちゃんとついてる。気がつかなかったわ、ぜんぜん。

といったぐあい。

親切なお兄さんに手を取って教えてもらった倫子さんは、またもやエールフランスのナンバーを押す。う〜っ、通じない。どーすりゃいいのさあ。

お兄さん、再びやってきて、「この電話はダメだ。故障してるんだろう。あっちでかけてみなよ」。

どうやら彼、倫子さんの電話トライが気になって、仕事が身に入らない様子。やっさしいのねー、イタリア人って。

別の電話で試したけど、やはり通じない。またしてもやってきたお兄さん、「どこへかけたいんだ？ 番号を教えて」。ここです、ここ。ピッピッ。ダイヤルをプッシュ。でもダメ。「この番号、違ってるよ」と肩をすくめるのだった。

ありがとう、お兄さん。本当に親切にしてもらって。エールフランスにかけるのはあきらめるので、安心して電話磨き作業を続けてちょうだい。

かくなるうえは、ということで、拙宅に電話が入る。「きのうはごちそうさま。実は……」。リコンファームを頼まれた。

イタリアでは、航空会社の電話番号が頻繁に変わる。なぜだか理由は不明。尋ねようと思いつつ、いつも忘れる。

「それって不便じゃない？ 困らないの、イタリア人は？」。そんなものさ、と思いこんでいるせいか、さしたる不平の声も聞かない。それがいけないんだろうな。航空会社を増長させることにつながる気がする。

公衆電話の後日談がある。翌日の夜、無言電話が何回もかかってきた。一回や二回のことではない。数回も続けて。なんだろう。ストーカーのしわざ？ こんなことは初めてだった。

三十分ぐらいたった時、倫子さんから電話。ルッカのホテルからだという。

——さっき、外から電話をしたの。バールの公衆電話。

——さっきって、いつ？　三十分くらい前？

——そう、そう。何回もしたけど通じないの。

——なーんだ、あれ、倫子さんだったのね。

——そうなのよお。ごめんなさーい！　テレカの度数はどんどん減っていくのに、ぜんぜんつながらないの。こりゃマズイと、急いでホテルへ戻ってきたのよ。

「なんておバカやってくれるイタリアの電話」と彼女。まったくもってそのとおり。いくら正確に番号をプッシュしても、誤ったところに通じることだって少なくない。ある日突然、日本へのファクシミリ送信にNGばかり生じた時など、スタッフはこう告げたものだ。

——毎日多数のファクシミリを送りますか？　たぶん、そのせいでしょう。使いすぎだと思います。

そんなもんか、と一瞬納得してしまった私はなおのことおバカ。イタリア電話局同様、通信のシステムというのをしっかり理解していない証拠でしょう。

観光地でのすごしかた

ミラノでは、ドゥオーモへ行くのが希望だった倫子さんだが、健一さんのほうは名所に興味なしのタイプ。

――ドゥオーモのそばのガレリアへも行ってみたかったのよ。どっちも須賀敦子《すがあつこ》さんのエッセイなんかに出てきて、イメージをふくらませていたから。でも、夫を口説《くど》くのは難しい。

「面倒くさいというなら、タクシーでいかがでしょうか……」と下手に出てみたのね。これが、夫の心理の読み違えで〝ケガの巧名〟。「地下鉄で行こう。地下鉄でなら行ってもいい」となったの。やった！

夫婦だろうと恋人だろうと、好みや興味の違いがあって当然。海外の旅先でも、訪問先の希望に異なりが生じてこよう。一部の行程を別行動した、というカップルがいた。彼は美術館巡り、彼女はショッピング、というぐあい。その日によってイニシアチブを変えた、という人たちもいる。どちらもよろしい方法ではないでしょうか。

私のみたところ、イタリアの旅では女性の望みを優先させる傾向が強い感じだ。なぜだろう。マンマの国、マドンナの国だからかもしれない。ここでは、自然、男性が騎士道精神を発揮したいムードになってくる? これまた、よろしいんじゃないでしょうか。

健一さんもまたナイトぶりをみせ、地下鉄の乗り方教示。ガイドブックでいろいろ勉強をしていたようだ。

——ここはミラノ中央駅、ドゥオーモへ行くには地下鉄の黄色い路線に乗ればいい。黄色のMマークがあったらそれだ。

——ふーん、そうなの? ン⁉ ちょっと待ってよ。その路線のイメージカラーは確かに黄色だけど、地下鉄メトロのM表示は、全部赤よ。違う、違う。あそこの丸っこい赤のmはハンバーガー屋だってば。

などと夫婦でやりとり。やっと、メトロ印の角張ったMを発見。地下鉄の駅にたどり着き、チケットを求めた。

販売機、そしてキオスクによるチケット購入法があるけど、後者のほうが無難。何回トライしてもお金が入らないマシーンが多いし、入っても券が出てこないこともしばし。市内の駅なら、キオスクで枚数だけを求めればいい。二枚なら、「ドゥエ ペル ファヴォーレ (二枚お願いします)」でかまわない。

かわいいことに、倫子さん、こう告げたそうな。

——ドゥオーモ ドゥエ ペル ファヴォーレ

市内なら、どこの駅でも同一料金だと知らないゆえのセリフ。こういうのってなんだかいい。「真摯《しんし》な旅人」として、大好感持たれるに決まってる。

グループツアーなら、ドゥオーモの外観、そして内部をチラッと見学しておしまい。けれども、わーい、個人の旅行だあーい。一〇八・五メートルのドゥオーモのてっぺんにだって上れてしまう。途中まではエレベーターを使用。あとは階段を上って行く。団体行動ではなかなか叶わない。

晴天、澄んだ空気の日は、ロンバルディア地方一帯が目の前に広がるというドゥオーモのトップに上ったことがない私。そういえば、東京タワーにだって何年も行かなかった。東京で生まれ育ったというのに、上ったのは二十代になってからだ。そんなものかもしれない。近くにいると、なかなか「旅」ができない。そのうち必ず、ミラノへの「個人旅行」をしようと胸に誓った。

ドゥオーモから出た近くの歩道では、大道芸人の類によるパフォーマンス。去年までは、客の姓名を漢字にアテて毛筆書きする中国人なんていうのもいた。一回千リラなり。去年なら約五十円。安いんだか、なんだか……。ずいぶんと人だかりしていた。ジャーマン・シェパード系大型雑種犬を数匹横たわらせてお乞食さんしている若者は今でも健在。どのワンコも満ち足りた犬相なので、いつも見入ってしまう。幸せなのね、きっと。こういうお乞食さんには憧れる私だ。

倫子さんと健一さんは、ツタンカーメンの静止芸の斜め後ろにひとりの紳士を目撃。同じく完全に静止している。ブルドッグみたいな顔にソフト帽。コートを着込み、杖を前かがみについたまま、ジーッと身じろぎもしない。その姿は、英国のウィンストン・チャーチルそっくり！

妻　あれってやっぱり静止芸？

夫　違うだろう。ただの見物客じゃないか。

妻「見物するチャーチル」って芸かもよ。コイン、あっちに置いてみようか？

夫　やめなさい。

よかった、コイン置かないで。結局、パフォーマンスに見とれて、すっかり固まっちまったおじいさん、のようでした。

こんな光景をじっくり楽しめるのも個人旅行ならでは。名所旧跡を訪れるだけが観光地の魅力ではないのだ。

すっかりリラックスした感のある健一さんが、「ここらで一服しない？」。あろうことか、ドゥオーモとスカラ座を結ぶアーケードのガレリアでの発言。

――でも、ここ、いちばんの観光地よ。どこもメチャ高みたい。

――でも、いいじゃないか、たまには。観光名所でビールっていうのも悪くないよ。

――うん、そうね。たまには、ね。

ガレリアのバールのオープンスペースにつく。持ってきたメニューを見ると、「やっぱり！」。ビール大二万五千リラ、中二万リラ、小一万五千リラ。ひえ〜っ。中をふたつ注文。トルティーヤ・チップスもついてきて、お勘定は四万八千リラ。五万リラ札を出したところ、「二千リラは当然チップね」というふうに受け取り、「グラッツィエ」。

この金額には、言い出しっぺの健一さんのほうがムーッ。無理もない。ミラノの二つ星ホテルに支払ったのが十二万リラ。しかも、朝食付きの料金。中ビンのビール二杯飲んだだけで五万リラとは……。やはり高い。

ヴィットリオ・エマヌエルII世のガレリアは、実に美しい。アーチ型をした天井はたいそう高く、周囲には絵が描かれている。舗道のモザイク模様も魅惑的な色をたたえる。

――モザイクの星のブルーがなんともいえないわね。ラピス・ラズリみたいな華やかな青さですばらしい。

倫子さんのみならず、だれしもが魅了されるガレリアではある。

中に入っているバールやレストランも洒落《しゃれ》たセンスの店ばかり。白いユニフォームでキメたウェイターたちがスマートにサーヴしている。しかし、ミラノで一、二ともされる物件の高さである場所柄。バールでのコーヒー一杯にしてもハイプライスだ。

でも、一度くらいなら席についてもいいかもしれない。小ぢんまりはしているものの、世界でも有数の美しさにあふれたアーケードでのお茶も忘れがたい。ガレリアを行き交う人々をながめているだけでも胸がときめく。

レストランではなく、バールにしておいたほうが無難だろう。しかも、いちばんお安いエクスプレスかミネラルウォーターにしておけば「怒り」も少ない。いつだったか、親しい知人にジェラートをごちそうになった時は、ひとり二千円くらいだったと記憶している。ガレリアではそんな料金なんですよ、と心得ておくべきだろう。

ドゥオーモ周辺でも、ガレリア以外のバールでは驚くような料金はとられない。いちばんの高級通りであるモンテ・ナポレオーネにあるバールもしかり。ごく納得のいく支払いですむ。

第4章
中世の街へのお誘い

さまざまな中世の街

「イタリアの小さな街」というタイトルで女性誌の連載エッセイを書いていたことがある。一九九七年のことだった。日本人観光客はまださほど訪れない街々の魅力を紹介していこうというページ。取材も依頼されたので、カメラマンと共に「小さな旅」を続けた。

――南イタリアから北上していくのはどうでしょう。こんな街をピックアップしてみました。担当編集のTさんは、公私の旅で何回もイタリアを訪れている。イタリア料理にも造詣の深い食通家。土地の料理もいろいろ紹介していきましょう、ということになった。

行程は、シチリア島のタオルミーナから始まり、バーリ州のアルベロベッロ、バジリカータ州のマテーラ、ウンブリア州グッビオ、トスカーナ州アレッツォ、エミーリア・ロマーニャ州のフェッラーラ。そして最後は、ベネト州のヴィチェンツァだった。

どこの国でも、地方の旅は興味多大。小さな街へ行けば行くほど、新鮮な発見が重なる。各都市がひとつの独立国家としての歴史を育《はぐく》んできたイタリアならなおさら。永遠に尽きることはないと思えるほどの魅惑を秘めている。

取材で回った街々は、古くはエトルリア時代、古代ローマ時代に起源を発し、中世にも栄えたところも多い。アレッツォやフェッラーラ、ヴィチェンツァがいい例だろう。未だに中世の歴史、文化、自然までもが色濃く残るこれらの街々は、現代人にさまざまな感動を与えてやまない。

トスカーナ地方にあって最も観光地化した中世の街は、なんといってもフィレンツェ。特に、日本人やアメリカ人の旅行者に人気が高い。「ここはどこ？　新宿？　それとも渋谷？」とでも言いたくなるぐらいに日本人の姿を見かける。

ルネサンスを代表する街なので、確かに見どころがいっぱい。姉妹都市である京都に共通する豊富なカルチャー、名所旧跡の宝庫といえる。

グループツアーによる「イタリア一周の旅」ともなると、ローマと並んでコースに入っているのがフィレンツェ。まずはこの街を訪れたい、という日本人が大多数のようだ。

でも、フィレンツェだけがトスカーナ地方の中世の街では決してないことを力説したい。知識の上では充分に承知はしていても、イメージ的に「フィレンツェがいちばん！」と決めつけている人もいるようだ。

なにをもって「最上」とするかは、各人の感性、好み、とらえかたによるもの。まったくの自由な事柄ながら、その地にふれもしないうちから決めこんでしまってはつまらない。訪れてみれば、フィレンツェよりもっともっと魅了される中世の街々がたくさんあるかもしれないのだから。

初めてのイタリア旅行にもかかわらず、倫子さん夫妻のトスカーナ滞在はルッカだった。フィレンツェから北西へ七十五キロの中世の街。

十一世紀の初頭から自由都市国として栄えたルッカの特徴は、十六世紀の堅固な城壁。メディチ家の支配を逃れるために共和制を布《し》き、十八世紀まで独立を保っていた様がしのばれる。ロマネスク様式の美しい教会や聖堂が数多く点在。今では緑豊かな遊歩道となった広い城壁と絶妙な調和を見せている。市の郊外にはプッチーニの生家もあり、深い文化にこと欠かない。オリーブの木々にあふれたトスカーナ地方特有の景色も好まれているのだろう。欧米からの観光客、長期滞在者がとても多い。ことに、英国やスイス、カナダ人などが別荘を求める地ともなっている。

とはいえ、日本ではさほどメジャーな観光地ではないルッカ。夫妻がここを選んだ理由はなぜだろう。「ヨーロッパには行かない」と言い張っていた健一さんのリクエストによるものと知り、なおさら動機を知りたくなった。

――ホラ、タカコさんの誘いで、突然「行こう」となったじゃない。「じゃ、どこ行きたい?」と夫に聞いたのよ。「ルッカ!」。「どうして?」。なんか、昔聴いたジャズの曲がきっかけになったらしいの。

　その曲は『ルッカの眺め』。ビリー・ホリデーの晩年の伴奏をしていたマル・ウォルドロン作。トツトツと弾くピアノが、健一さんに強い印象を与えたそうだ。加えて、ある時、NHKのテレビ番組『名曲アルバム』に、ルッカの街が映し出された。どうやら、プッチーニの名曲アルバムだったらしい。

　ルッカ?　ルッカ、ね〜え……。早速、地図やガイドブックで調べた倫子さん。

――街全体をグルッと城壁が囲んでいて、のんびり歩いて回れそう。半径二キロもないような街だってわかり、すぐ惹《ひ》かれちゃった。昔から住んでいた人が日々生活してきたすべてが残っているようなシンプル構成の古い街――。いいじゃない!　行こーぜ。となったのよ。

　こういったセレクトって、すっごく楽しい。ガイドブックや歴史書、人のすすめで旅の場所を決めるのもいいけど、音楽から受けた印象での選択なんてシャレている。イタリア人が最も大切にしている「ファンタジーア（想像力）」の世界です。

実はルッカ、私にとっても縁深い街。この国で生活をスタートさせたモンテ・カティーニ・テルメは、お隣りの町的な位置にあった。近所にはルッカ出身のイタリア人も多く、よく散策に連れて行ってもらったものだ。

　そして、ルッカには、拙著にも何回か記した忘れ得ぬ薄幸のイタリア女性、ルティッツィアが住んでいる。女好きな夫に去られ、年老いた両親を支えながら生きる彼女。かなりの貧困にもかかわらず、穏やかな笑顔を決して絶やさない女性。当時はまだイタリア会話も満足にできないばかりか、仕事もなく、愛犬だっていなかった孤立ムードの私を、ずいぶんと励ましてくれた。

私にとっては聖母さまのようなルティッツィアのいるルッカが、決して決して忘れられない。教会が二百以上もある街。おいしいジェラート屋さんだってずいぶんあったっけ。なによりも、ルティッツィアのやさしい笑顔――。ルッカを思うことは、人の情にふれることに等しい私なのだ。

そんな街に、「行きたい！」と言ってくれた健一さん、大好き！ 倫子さーん、もし、もしも、よ。ナニかあって、別れるようなことになったら、私にちょーだい、健一さんを！ 真剣に夢みてしまう。

ミラノから乗ったユーロスターは順調にフィレンツェに到着したものの、そこから先がいけない。ルッカまで行くローカル線の列車がかなり遅れている。

いつだってそうだ。トスカーナ地方のローカル線って、時刻どおり発着するなんてまずありえない。以前暮らしていた三年間というもの、何回体験したことか。あまりに遅れるため、ある時期、統計をとってみた。三十分くらいかと思いきや、平均して一時間の遅れと出た。エライなあ、ここまでいくと。この地方の国鉄サンは、誇りや責任感とは無関係でおシゴトしているんだ。感心したほどだった。

　そんな実状を知ってのこともあるのだろう。この地方の住民たちは、「バスの利用のほうがベター」と主張する。ことに、フィレンツェ発着の近、中距離はなおさら。ルッカ、モンテ・カティーニ・テルメはもちろんのこと、シエナ、ピサなどへのバスが何本も出ていて、しかも大幅な遅れはない。イタリアに欠くことのできないショペロ（ストライキ）だって、国鉄よりはずっと少ない。

　難点は、行き先によってバスの乗り場がわかれていること。駅構内のインフォメーションでも尋ねない限り、最初の利用はやや迷いがちだ。シンプルな印象を受けるのは、やはり列車。乗り継ぎが必要な場合ならなおさら。通しで乗車券が購入できるのも助かる。

　だが、フィレンツェを基点としたトスカーナ地方への小旅行なら、バスの利用がより快適。列車よりも頻繁な本数に加え、実にすばらしいパノラマを満喫できる。トスカーナへの個人旅行を計画の際は、ぜひ参考にしていただきたい。

　というのも、倫子さん夫妻がルッカへ行くと知っていたのに、フィレンツェからのバス利用をアドバイスし忘れてしまった私。深く反省している。

　ともかく、ローカル列車の遅れで、ルッカへの到着は夕方六時近くとなった。タクシーに乗ってホテルへ着くのは、六時をすぎてしまうだろう。キャンセルされるには至らないとは思いつつ、いちおう駅から電話を入れた倫子さんだった。ああ、また電話……。やだなー。でも、テレカの使いかたがわかったので、いくぶん力強い。

——今、ルッカの駅です。六時を少しすぎるけど、行きますからね、これから。

——うん、わかった。もうすぐだね。待ってるよ。

やたら友好的なリアクションにホッ。うれしいなー、こういう応答って。きっと、アットホームなホテルに違いない。

城壁外のルッカ駅からホテルまで、タクシーでそう遠い距離ではない。旧市街の中心地、ナポレオン広場に面しているのでわかりやすい。予約を受けてくれたブルーノさんの笑顔に迎えられ、さあ、中世の街滞在のスタートです。

至福の旅を満喫する

コモ湖とベルガモに各二泊した後、ミラノ一泊の夫妻。ルッカではまた二泊の滞在となる。

――ホテルへ一泊って、どうも落ち着かないのよね。いかにも、「寝るだけの場所」という感じ。二泊以上だと、妙に心が躍るの。衣類をハンガーにかけたり、洗面用品をセットするって至福のひととき。次の日の移動、考えなくてすむんだもん。ここは「家」なんだって気がする。

倫子さんの実感、まさにそのとおりなり。ホテル一泊の旅くらいあわただしいものはない。心淋しいような、どことなく虚《むな》しい気すらしてくる。せっかく、なんらかの縁でやって来た宿なのに、たった一晩眠っただけで去らなければならないなんて……。感じのよいスタッフがいたり、気に入ったインテリアのルームだったりするとなおさらだ。

のんびり、ゆったり、すべてが人間時間で流れているようなイタリアの旅では、一泊の宿泊なんてあまりに悲しい。あちらもこちらも訪れたいという気持ちはよくわかる。せっかく遠路やって来たのだから、一か所でも多くの観光を希望するのは人情だろう。

でも、どうか私の助言を心の隅に入れておいてほしい。イタリア旅行をするなら、すべての地に一泊ずつ、という日程だけは避けてもらいたい。たとえ、どこか一か所でもかまわない。最低二泊の滞在ができる旅を強くおすすめする。

この国では、ホテルでもまた、人と人とのふれあいが我々の心をとらえる。一泊だけの客には表面的なあいさつ、ビジネス上の笑顔だけのスタッフだって、二泊、三泊と滞在を重ねる相手には別。心からのホスピタリティーを惜しみなく与えてくれる。

さまざまなホテルを体験するのも旅の楽しさ。カテゴリーの異なる各タイプの宿を試してみるのも興味深い。でも、本当に「いいな」と感じたホテルなら、二回、三回とリピート宿泊してみたい。アメリカンタイプの大規模なホテルでもない限り、スタッフのだれかが覚えていてくれたりするものだ。

こちらから、「この前、ここに泊ったの。とても気に入ったので、また来たのよ」と伝えてもいい。それは、それは、と大よろこびされ、より親愛に満ちた接触をしてくれることだろう。

ルッカのような中世の街には、古いヴィッラ（屋敷）を改良したプチホテルが多い。モダンな設備には欠けがちだけど、高い天井やアンティックのインテリアが、歴史ある国の旅を実感させる。そういったヴィッラは庭も所有していることが多いので、春から秋にかけてなら、オープンスペースまで満喫できる。

朝食をなによりも大切にしている私は、旅先でも可能なだけ時間をとる。庭でのプリマ　コラツィオーネ（朝食）ならパーフェクト。二時間だって三時間だって幸せにすごせる。四季折々の花、そして緑にあふれた庭には、人なつっこい小鳥たちも現われ、それは見事な朝のハーモニー。エスプレッソマシーンでいれたコーヒーの独特な香りが庭中に漂い、「これだけで満足！」とさえ思ってしまう。

中世の街々の良さは夕刻から夜にかけても訪れる。あれは、ウンブリア州のグッビオだっただろうか。それとも、トスカーナ地方のアレッツォ？　夕食後、小径を散策する時の満ち足りた静けさといったら。悠久の時の流れを痛いほど感じる夜景に、「ここに来てよかった」の心情となる。それはまた、「人生って尊いんだ」にも繫《つな》がるほどの感動さえよびおこすから不思議だ。

もちろん、日中の光景にも中世の姿が今なお色濃く残っている。倫子さん夫妻は、昼食後のルッカの街でも幸せになった。

お腹をさすりながらの散策。まず、城壁の上に出てみる。おー、絶景！　城壁の外には緑地が拡がり、道路はその外を通っている。

——続けて歩いてると、下の緑地から音がするの。シュパッ・トーン、シュパッ・トーンと。なんだろうとのぞいてみると、すぐ下で弓の練習をしてる人がいた。それもアンティックな木製の重そうな弓。今のアーチェリーではなさそう。「シュパッ」は矢を射る音で、「トーン」は的に当たった音だったのね。けっこう離れていたのによく響くんでビックリしちゃった。あたりの静寂さのためだったのね。

これこそ中世の街そのもの。風雅ではありませんか。

旧式の弓矢を趣味としているイタリア人はけっこう多い。知人の医師、マリオ（四十二歳）もそのひとり。こんな会話をしたことがある。

――タカコって、けっこう筋肉モリモリ（フン！　よけいなお世話だ）。なんかスポーツしてたの？

――エッ、わかる？　陸上をやってたの。けっこうバリバリのスポ根少女だったのよ。

――ふーん、なるほどねえ。わかるよ、体つき見てると（どーゆー意味だー）。

――で、あなたは？

――アルコ。今も時々やってるよ。

――あ、弓ね。アーチェリーかあ。

――弓は弓でも旧式のほう。木でできたやつだよ。新式のアーチェリーより奥行きがあるような気がして好きなんだ。一種のメディテーションを兼ねてる、とも言えるね。

マリオ先生は、日本の文化にもいたく御関心。初対面の時は、英語による会話だった。

マリオ（以下「マ」）　あなたはポエムが好きですか？

私　ええ

マ　では、詩人のなかではだれがいちばん好き？

私　はあ。そうねえ……。ランボウなんかいいですね。フランスの詩人の。

マ　（やや憮然）……。いや、その、日本の詩人、ということなんだ。たとえば、イッサとかブソンとか……。

それは俳句でしょうが。「ポエム」なんて言うから、一般的な詩と早合点。ランボウが好きと答えたのが、なんか奇妙に思えてきた。

マリオ先生は、会うたびに短歌がどうの、「ツレヅレグサはすばらしい作品だ」とか言ってくる。帰国する私に、「トリイのミニチュアが欲しい」なんぞともねだってきた。やはり中世の色濃く残る街クレモナ出身の彼。違うんでしょうね、トーキョーで生まれ育った私とは。カルチャーレベル、そして教養のほどが。

ルッカの城壁だったっけ。

下からは旧式弓矢の音が響き、遊歩道になっている上では、犬を連れている人、ベンチでボーッとしている人、などなど。スロースピードの自転車で通りすぎていく人もいた。

「こんなにのーんびりした空間があるなんて……。うらやましい」。倫子さんはしみじみと感じた。

やがて、街に戻ったふたり。十四世紀にできたというグイニージの塔に上る。ルッカの街並みが一望。眼下に広がる赤い屋根。広告塔もテレビアンテナも、電線も目につかない。中世のたたずまいを守ろうとしているのだろう。街の「意志」「心意気」に違いない。電話が通じなかったり、列車は大幅遅れ。すぐストをやってくれる。そんな国なのに、古いものを守る美学、惜しみない金銭をかけての歴史ある文化保存スピリットの高さには驚くばかりだ。

「向こうのほうに見える丘陵地帯には、ぶどうやオリーブのとれる農園、そして修道院とかがあるのかな。ピクニックにでも出かけたいような丘……」などと思っていると、どこからかピアノの音。モーツァルトが聞こえてきた。

トスカーナの平野にそびえる塔の上。澄み切った初秋の青い天空に抜けていく晴れやかなモーツァルト。できすぎだ！　ここは天国？　こんなにふさわしいBGMは他にない。

——どこから聞こえてくるのだろうと、下をのぞいてみたけど、音の方向がわからないのね。ちょっと、狐につままれたような気分だった。ボーッと聞き惚《ほ》れていたら、「下りるぞー」の夫の声。やっと気を取り直し、階段を下りて入り口に戻ると、もう、なんの音も聞こえないの。シーンとしてる……。

「モーツァルト、聞こえたよね」。「うん」。「空耳じゃないよね」。「たぶん……」。戸惑っていたふたりのもとに、受付嬢が近づいてきた。「どうしたの？」。「塔からピアノが聞こえたんだけど……。」愛らしく微笑んだ受付嬢、「ああ、あれ、ね。そこをいって、左に曲がったところに音楽学校があるのよ。それだと思うわ」。

言われた道の角を曲がったとたんに、先ほどのピアノが鮮明な音となって耳に飛び込む。そうか！　石の街って、音が角を曲がらない。上には抜けていくのに……。「路地から三味線の音が……」っていうのは、日本の街並みだからなのね。倫子さんはハタと思い知った。

音楽学校は窓を開け放ったまま。二階から聞こえてくるピアノは、どこまでも耳に心地いい。――やはり観光客らしいカップルが足を止めていたの。お互い、目を合わせてニッコリ。中世の街よね、暗黙に感動をわかちあうなんて。

土地っ子に人気の食事処

五日に一回の割合で休息日を持ったほうがいいといわれる海外旅行。人間の体力、及び精神のメカニズムとして、ちょうどいいリラックスタイムとなるのだろう。一週間に一、二度の休日が必要なのもまたしかりだ。

ルッカでの最初の朝。起きようとした倫子さんなのに、体が動かない。あれー、マズイ。疲れがたまってきたのかな。血糖値が下がってしまったようだ。

「悪いけど、朝ご飯、ひとりで食べてきて。で、終わったら、私にも朝食運んで来てもらえるとうれしい」と夫に頼む。そして、また眠りにつく。

——ホントに運んできてくれたの。久しぶりの紅茶。ジャムと蜂蜜を入れてゴクン。心と身にしみわたるようにおいしかった。甘いパンも日頃は苦手なのに、すごく体にやさしい。現金なほど蘇生していくのがわかったわ。

「ああ、満足！　ごちそうさま」。さらに一眠り。もう大丈夫！　ワガママは言ってみるものだ。そう痛感したそうです。

これ、これ。こういった休息タイムはとても大切。無理を重ねての旅を続けると、いつか必ず体調を崩してしまう。日本に戻ったとたんぐあいが悪くなり、決まって仕事にアナをあけてしまう女性がいたっけ。プライベートにバカンスを楽しんだあげく、それはないだろう、とヒンシュクをかっていた。

二十代の頃は私も無茶をしたものだ。寝る時間も惜しいぐらいにすごした海外旅行での日々。ハードなスポーツで鍛えたせいか、はたまた食欲旺盛なためか、体力だけは人一倍。旅行中も帰国後も体調を崩すことはなかったのはラッキーだった。

さりとて、歳には勝てない。近頃は夜遊びなどしないし、過密スケジュールで動くこともない。疲れたと感じたら、ホテルの部屋で日がな一日なにもせずにすごすこともある。

そういった場合は、ホテル側に伝えておく。「ゆっくりしたいので、今日は部屋にいます。朝食、運んできてください。部屋の清掃はけっこうです」。

よほど体調が悪くない限り、「すごく疲れた」とか、「ぐあいがおかしい」などと発言しないほうがいいイタリア。なにごとも大袈裟にとらえがちの心やさしい彼らは、必要以上に気を遣い、心配をしてくれる。「大丈夫か？　医師を呼ぼう」と、大騒ぎになりかねない。

シリアスな不調を感じたら、正直にうちあけるのは当然。「イタリアって、医療もアバウトなんじゃない？　費用だっていっぱいとられそう」などの懸念、不安は必要なし。昨今の日本よりもずっと誠意がある医療事情と私はとらえている。ことに、「プロント　ソッコルソ」と呼ばれる救急病院が充実。優秀な医師による応急処置を受けることができるのみならず、まったくの無料。心強いシステムとなっている。

ともかく、旅先での疲労、あるいは不眠などには、イタリア人に倣《なら》っての対処もいい。この国では、なにかというと、「カモミールティーを飲みなさい」となる。砂糖、または蜂蜜をたっぷりと入れていただく。どこのホテル、バー、レストランでも必ず用意しているので、頼んでみよう。

日本の「お粥に梅干」に匹敵するヘルスケア的食事はスープ類。野菜たっぷりのミネストローネが理想とされている。地方へ行くほどメニューにもある料理なので、胃の重たくなった旅の途中に食すのもいいだろう。

朝のリラックスタイムで元気回復の倫子さん。よかった、よかった。

昼食は健一さん御希望の老舗レストラン。ミシュラン一つ星の「ブーカ・ディ・サンタントニオ」だ。わー、いいなあ。私も前々から行きたいと願っているレストラン。「イタリアの歴史ある店」リストに登場のところ。古来から伝わるレシピを再現したメニューもある、と聞いている。プッチーニもよく足を運んだレストランらしい。

一七八二年創立のレストランは、世界各国の美食家たちにも名高いとか。イタリアのガイドブックでも、「ブーカ・ディ・サンタントニオのメニューは人の心と胃をとらえて離さない」

などと書かれているほど。それでいて気どらないサービスも好評らしく、土地っ子にも愛されている店のようだ。

「今回の旅行中でいちばんおいしくて気持ちのよかったレストラン」と力説する倫子さん夫妻。マネようとしてもできないネイティヴにしてプロのお味の数々、ということでした。いいなー、本当にうらやましい！　かつて何回も行ったルッカなのに、この店の味を知らないとは。なんとしてでも早いとこ訪れよう、と願っている。

店内の梁には、ピッカピカに磨かれた銅鍋が山ほどぶらさがっていた、とか。あ、知ってる！　写真で見たことがある。イタリアではたびたび紹介されているので目に焼きついているほどだ。

ふたりの注文メニューも興味深い。前菜は、夫↓リコッタチーズとポルチーニ茸のパイ包み。妻↓ウサギの冷製とルッコラ。プリモ・ピアットはトマトソースのマカロニで、ふたりで一皿。「シェアして食べたい」の希望にも快くオーケーしてくれた。セコンドは、子羊とポルチーニのフライ、ポルチーニの煮込みとポレンタ。

ずいぶんとポルチーニが続きましょ。フフフ、これ、私からのアドバイス。季節は秋。ポルチーニ茸のシーズンでもあるため、「ぜひ旬の味を！」とすすめたのだ。生のポルチーニなんて、なかなか味わえないでしょ、と。

食した感想は、倫子さんにまかせよう。

――いやいや、もう、なんて言うか……。それぞれが、「おお！」という味。ウサギは歯にきしむほど密で、野性味とコクがある肉質って感じだった。パイ包みも絶品！　リコッタチーズのホロホロしたやさしげな味に、生ポルチーニ茸の強い土の香りがとけあってた。パイのパリパリとした食感がアクセントね。

圧巻はパスタだったそうな。乾麺ではない手作り製で、平打ちのキシメン状。「ぐいぐいとコシのある歯ごたえ」だったらしい。

――ソースは、バジル風味のトマト味。実にシンプルな調理、味つけなのに、かかっていたチーズまで香り高かった。夫と私、ひとくち食べて思わず顔を見あわせてしまったほど。無言のまま、「おっいしいね～え」と。

幸福な食感をわかちあったのは、生活上のパートナーとだけではない。斜めむこうに座っていた五十歳くらいのシニョーラとも、お味へのエールを送りあったそうだ。

夢中で食べていて、やや一息ついたその時、シニョーラと目があった。ニッコリ微笑んでくれたので、倫子さんもニーッコリ。すると、シニョーラの口が動いた。「BU・O・NO?」。「Buono?《ブウォーノ》」とは、「おいしい？」という意味。「シ・シ、ブゥ・オー・ノー（うん、うん、お・い・し・い！）」。倫子さんもまた、口の動きだけで返した。

「よかったわー、楽しんでいるみたいで」というふうに笑顔を加えるシニョーラ。御主人とおぼしきシニョーレまでもが顔をむけてニッコリ。この土地の常連客のようだった。御主人は体が不自由な様子。でも、明るく元気に生きている、という感じのカップルだった。

――イタリア語をしゃべれないのに、口の動きだけで会話ができたって不思議。人間の眼や表情って、言葉以上に会話ができることもあるってことかしら。

そうですとも！「目は口ほどに……」は恋人どうしのあいだにだけ存在するものではない。みんな同じ人間。心さえあれば、感情を伝えあえることはできると信じる。ましてや、おいしいものを共感しあったときはなおさら。食事をしていると親しくなったりするのがいい例だろう。

イタリアに限らず、ヨーロッパのローカルなレストランでは、見ず知らずの客とも交流できるものだ。食い意地が張っている私は、すぐ、周囲の人が口にしている料理が食べたくなる。「なんだろう。おいしそうだなー。食べたいな～」などと、ジーッと見つめてしまうのが常。視線を感じた相手は、「ン!?　味見したい？」などとジェスチャーしてくれることが多い。

土地っ子で人気のレストランになればなるほどこのモード。フランクフルトの郊外でもそうだった。海外からのビジネス客の多い市内の店を避け、ごく庶民的な一軒に入った時のこと。横並びのテーブル席で、両隣りのカップルがじゃがいも料理を食べていた。タマネギといっしよにソティしただけの素朴きわまりない家庭料理。「こういうのが食べたいのよ」と思うものの、料理名がわからない。

ジトーッとながめていた私に、若いカップルのほうから先に声がかかる。「食べてみる?」。うーん、やっぱりおいしい! すると、もう一組の中年カップルが、「だろー?」のジェスチャー。今度は、「これ、飲んでみない?」となる。シードルの一種だった。

さんざんごちそうになったので、こちらも新たに同じ料理と飲み物を注文。両脇のカップルにもすすめる。「ダンケシェーン。じゃ、次は我々」と、またもや飲み物のお返し。イタリアのように愉快な盛りあがりの続いたフランクフルトの夜だった。

土地っ子でにぎわう食事処はやはりチャーミング。お味だけではないお楽しみで満ちている。加えて、料金だって良心的な店が多いのもうれしい限り。

「ブーカ・ディ・サンタントニオ」の倫子さんたちのお勘定、いくらだったと思います? イチゴとレモンのジェラート、エスプレッソも頼み、ふたりで十三万五千リラ。昨年秋のレートからいくと、七千円弱。「そうか、ワインは頼まなかったのね」ですって? いーえ、飲んべえのふたりです(失礼)。欠かすわけなし。二万四千リラのワインも頼んで、の値段だそうだ。ミシュランの星つきレストラン。正真正銘のフルコースにワインつきでこの値段。「……。やんなっちゃうなー」とさえ思ってしまう。倫子さんは言う。

——ウチのダンナ、「日本のイタリア料理は高すぎる！」と、これからも日本じゃ外に食べには行かないわよ、きっと。そのかわり、旅行中に覚えた味を家で再現するんじゃないかな。ま、それもいっか、よね。

フツーの町でのフツーの買いもの

イタリアでの地方旅行では、収穫祭にぶつかることもあるはずだ。「サーグラ」という。秋のシーズンが多いけれど、春や夏に開催されるところもある。

たとえば、ウンブリア州のアッシジ郊外では、七月から九月にかけて野菜の収穫祭があるそうだ。各地により、異なった野菜のサーグラとなる。「タマネギ祭」とか「ピーマン祭」などというぐあい。ジェノヴァ近くの漁港では、春に魚獲祭りが行なわれるところもある。イタリア全土、各地各種のサーグラが開催されるというわけだ。

平均、一週間くらいの祭りとなる。収穫の品が屋台に並べられるのみならず、移動遊園地まで設置されることも多い。簡単な食事もできるようになっていて、一年に一回の娯楽として欠かせない。フェスタ（祭り）好きのイタリア人らしく、老若男女で集いにぎわう。

幸運にも、ルッカの街での収穫祭に出くわした倫子さん夫妻。前夜の散策時に察知したそうだ。

――中心地のサン・ミケーレ広場に露店の市場がたってたの。夜なのでシートがかかってたけど、明日は開きそうな気配。うん、楽しみだ。必ず来なくっちゃ、と思った。

広場の角の建物の一階には、なにやら展示物がある様子。行ってみると、ワインやオリーブオイルなどが飾ってある。鉢植えのオリーブの木のデコレーションまで。可愛らしい受付嬢らしき姿もあった。「なるほど。ここはルッカ地区の秋の収穫祭本部、みたいなものじゃないのかなあ」。そう気づき、次の日が楽しくなったという。

彼女の推察はみごとに的中。規模はさして大きくないものの、やはり収穫祭が開催されていた。

出色だったのは、オリーブオイルをずらっと並べた屋台。こんなふうにして売っているということは、今年の新搾りオイル？　英語で質問したけれど通じない。でも、そこにいたお兄さんは、胸を張って誇らしげになにか叫んでいる。「俺んとこで作ったんだ！」と言っているらしい。一リットル入りを二瓶求める。

帰国後、デリバリーのピザのチラシに、次のキャッチがついていたのを発見した。

――トスカーナ地方・ルッカのオリーブオイルを使用。

わざわざ「ルッカ」と地名が記されている。「オリーブオイルって、この地方の名産なのね」と開眼したそうだ。

収穫祭で求めたオイルは最上の風味。香り豊かにしてフルーティ。サラダやパスタ、魚のグリルなどに少量かけるだけで、極上の味に変身する。「魔法のオイル」と名付け、またたくまに二瓶がなくなる。

最近、同じメーカーのオリーブオイルを日本で見つけた彼女。よろこび勇んで購入したものの、「くやし〜い」と絶叫。ルッカでは一リットル約千円だったのに、日本では二百五十ミリリットルで二千円だったから。それを知った私は、思わず、「ドロボー！」と叫んだ。いくら輸入品だからって、八倍はないだろうに。ルッカに行って仕込んできて、日本で露店販売しようかな。一リットル二千円にしてあげよう。飛ぶように売れ、著述業から「運び人」に昇格（？）するかもしれない。

ルッカがオリーブオイルの産地なのは事実。数多いトスカーナ産のなかでも、良質、美味の評価が高い。ワインと同様、各地、各メーカーごとに味の異なるオリーブオイルながら、私にとってもいちばん好きなのがルッカ周辺の品。フルーティではあるけど、適度なコクも豊富。洗練されたリグーリア地方（ジェノヴァ周辺）のオイルだと私には軽すぎ、南イタリアのものはややへビーなこともある。ちょうど中間的な好ましい味がルッカの産だと感じている。

収穫祭のオリーブオイル売り場では、農産品も売られていた。自慢らしい一品はイノシシのようだ。「イラストがイノシシだった。でも、原種の豚？」と倫子さん。イノシシでしょう。トスカーナ地方の食材として名高い。私の大好物でもある肉で、トスカーナを旅するごとに食べている。歯ごたえのある滋味深さがなんともいえない。冬のシーズン、炭火にてグリルしたイノシシ料理が最も好きだ。

収穫祭で売られていたのは、塩漬け肉の角切りをオリーブオイルに漬けた保存食的な品。「味見してみる？」とお兄さんがくれたそれは、「肉のアンチョビみたい！」。これも買おう。ビニールに入った二キロ入りでは重すぎる。つまみに食べたいので、量り売りのほうを少々。お兄さん、パックに入れる。そして、「オイルも？」と聞いてくれる。うれしい！　待ってました!!　イノシシの肉とあいまって、トロッと味の染みたオイルがおいしそうなんだもん。と食通の彼女らしい感覚。

——思わず、タカコさんお得意のイタリア語、「チェルタメンテ！（もっちろん！）」が出てしまった。イタリア語知らないくせによくやるよ、と我ながら苦笑。その後、「このオーリオ（オイル）をパーネ（パン）につけて、ヴィーノ（ワイン）飲むんだー」と、ジェスチャーまじりで伝えたの。お兄さん、爆笑。「おまえも好きだねー」の笑いだったみたい。

町内での買いものも欠かさなかった倫子さん。ローマ時代の円形劇場跡近くの静かな小径で、一軒のカルツォレリーア（靴屋）を見つけた。ごくごく普通の小さな店。奥のほうには、靴の箱がギッシリと積まれている。日本でなら、地方の個人店という感じの靴屋さんだ。

ウィンドーに飾られているのも、シンプルな靴ばかり。オーソドックスなデザインのみなのに新鮮な驚き。けれども、上質皮革の品ぞろいなのはよくわかる。日本なら、「メイド・イン・イタリーの高級婦人靴」となるのだろうが、表示されていたプライスは五万五千リラ。(去年のレートでは)三千円弱ではないか。

「ボンジョルノ」と店へ入る。オーナーらしい愛想のいいシニョーラに、ウィンドーの靴を見せて欲しいと頼む。サイズを告げたところ、在庫切れ。「かわりにこっちはどう?」。似たようなデザインの靴を、たくさんの靴の山から探して出してくれた。

——それがねえ、ピッタリだったの。私、足幅が広くて、日本でも靴選びに困るのね。それなのに、なぜ? どうしてイタリア人がすぐ合う靴をわかってくれるの? しかも、足がスッキリときれいに見える甲のデザイン。驚いたわ、これには。

「この靴、いただきます」と告げるや、別の箱も運んできた。「こっちもいいと思うけど。試してみて」。最初にはいたカジュアルな茶色とは違い、シックな黒革。品のいいベルベットのリボンにゴールドの留め金が真ん中についている。「まさに私の好み!」。こちらも求めることとなる。

どちらも足に吸い付くようにピッタリとなじむ。一度も靴ずれをおこしていないそうだ。

実は彼女、深い深〜い疑いを持っていた由。拙著に記してあった一文が信じられなかったらしい。その文とは、「イタリアの靴は、素足ではいても靴ずれがしない」。うそだー。イタリア人向けの靴が、幅広な日本人の足に合うはずがない。そう思い込んでいたという。

——ごめんなさーい。撤回する。タカコさんの文、本当だった。

これこそ、チェルタメンテ、ではないか。私はフィクション作家じゃないんですからね。ウソは決して書かないのよ。まったく、なんだっていうんでしょうね。彼女に限らず、拙文に疑いを抱いているかたが少なくない。イタリアに来て初めて、「ホントだー。タカコさんの本に書いてあったとおり！」などとなる。そのうち、「タカコの文を確認の旅」などを計画してはいかが？

この国の靴は実に優秀。フツーの店のフツーの品でも靴ずれはしない。皮革の質、そして鞣《なめ》しの良さからきていると言われる。企業秘密的レベルの特殊技術によるものらしい。伝統の職人芸からくる製造ゆえ、他国がコピーしえるはずがない。

ただし、ルッカの靴屋のシニョーラ同様、プロからのフォローのもとで購入するのがいちばん。各人、足の形が異なるので、デザインや靴型のセレクトにアドバイスを受けたほうがいい。甲や幅のサイズにより、微妙なはき心地の差が生じて当然。イタリアの店主、及び店員はプロ中のプロだから、徹底して快適な一足を選んでくれる。

靴製造はイタリアの国家的産業のひとつだ。クオリティにも絶大の信頼を得ているので、粗製乱造的な靴は作らない。よって、「高い商品のみが良質」なわけなし。ブランド品シューズはこの国の人たちに言わせると「パッツォ（狂った）」の値段になり、必ずしもはき心地満点ではないとされる。

倫子さんの買いものがいい例で、フツーの町のフツーの店に「安くていい品」が置かれている。そういった店でも、特に私が注視のマークがある。Lavorazione《ラヴオラツイオーネ》 Artigiana《アルテイジアーナ》と記されていたら、「職人仕事」という意味。ていねいに、しかも限られた数だけ作られた靴だ。裏底、あるいは中敷の部分についている。気に入ったデザインで、このマークもあれば、まずは第一候補。試してピッタリな時には求め、未だかつて失敗したことがない。

靴屋のお次は、刃物専門店へ入ったふたり。きれいな形をした折りたたみナイフ、そしてキッチンばさみを購入する。どちらもイタリアの家庭で使われているような実用品。それなのにデザインがいいのは、さすがアートのお国柄。使いやすそうな点も気に入る。

キッチン用品の買いものというのも胸が高なる。毎日使う実用品なだけに、その国のテーストさえも感じられて楽しい。おすすめしたいのが、イタリアのマンマ愛用の木べラ。なんの変哲もない素朴なものだが、さまざまな料理に活用できる。しかも、一本千リラ（約六十円）くらい。サイズや型に微妙な違いがあるので、何本か求めるといいだろう。お料理好きな人へのお土産としても好適。イタリアの食材にでも添えて贈ればおしゃれです。

第5章

ハプニングこそ旅の楽しみ

助け、助けられのイタリア旅行

トスカーナの小さな街ルッカを大いに楽しみまくった夫妻は、ふと思う。

——ついつい散策の多い旅になるなあ。だが、イタリアは芸術の国。市場にばかり熱心だけど、美術館には一度も行っていない。これもなんだか……。あまりにも非文化的すぎるかもしれない。

次なる地は、最終日程のローマ。ルッカからフィレンツェ経由での列車の旅だ。ちょうどフィレンツェには数時間の滞在余裕あり。友人に、「とにかく見ておけ」と言われたウフィツィ美術館へ行ってみよう。そう決めた。

旅の目的、興味の対象となるものは、実に各人さまざま。ふたりとは対照的に、「美術館ばっかり」という人もいるだろう。連日、教会のハシゴをしている、などと聞いた時は、それだけで疲れがドドドー。どの教会も似たり寄ったりとしか思えない私にとっては、一回の旅で一度だけでけっこう、となってしまう。

ショッピングで明け暮らす旅、というのができちゃうのもすごい。朝市やスーパーマーケットの食品売り場でなら毎日すごしてもあきないけど、ブティック巡りの連続には耐えられそうもない。お金がもたないのみならず、マテリアル化した自分にストレスが生じてしまうことだろう。

カルチャーレベルがきわめて低いせいか、「毎日美術館」というのも不可能。何日か続けて通ってもいいなー、の唯一例外的なところは、世界で最も好きなプラド美術館（マドリッド）のみ。いいな、とは感じるウフィツィ、ミラノのブレーラ美術館だって、何年に一度か訪れるだけで満足する。

その他、イタリア全土にある大小の美術館は、積極的に「行こう」という気にはならない。機会があれば、という程度。しかも、毎日というのは願い下げだ。

せっかく芸術の宝庫ともいうべき国に住んでいるのにもったいない。そう感じないわけでもないけど、倫子さん夫妻とよく似てる。つい、市場系メインの旅が続いてしまう。

加えて、メジャーな観光地というのも縁が薄い。イタリアでの生活が始まる前に親しくなった人、ファミリーは、ほとんどが地方の郊外に住んでいた。ウディネ、ボルゴ・ゼージア、クレーマ、などなど。ね、耳にしたこと、ないでしょ。シエナやナポリの友人たちも、市内から離れた地で暮らしている。

彼らの家に招かれ、列車を乗り継いで訪れた遠いあの日々。若かったんだなあ。体力、気力ともに、今では考えられないぐらい満ちあふれていたに違いない。

だが、自分の力だけでは決して続けられた旅ではなかった。いつの時でも、大なり小なりの手を借りてこそ叶った道中。実に多くの人たちから助けられての旅だった。方向感覚のすこぶる悪い私は、どこを訪れても路頭でさ迷う。尋ね尋ね行かない限り、目的地へ到着するなんて不可能だ。そんな時、こちらの荷物まで持ってくれた若者がいたり、何人もの人に聞き当たってくれたオジさんもいる。「時間は充分にあるから」と、途中までついてきてくれたオバさんだっていた。

礼を告げると、決まって返ってくるのが、「ニエンテ!」。「どうってことないよ」というニュアンスだ。こんなことを返した人もいた。

——当然のことさ。我々だって日本に旅したらお世話になるんだから。

それはどうかしら……。一瞬、複雑な心境となる。他人のことには我関せずの傾向が強い昨今の日本人が、親身になってガイジンさんを助けるだろうか。ガイジンなら手を借す、というのも奇妙な現象だし。時々、考えてしまう私だ。

ひところ、よくこんな声を聞いた。日本人からの発言。

——海外で日本人どうしが顔を合わせると、なぜ目をそらす人が多いのかしら。まるで、会いたくない相手に会ってしまった、と言わんばかり。気分いいものじゃない。

同じ体験を持つ人は少なくないだろう。私だって何回もある。あれは、意味もなく気恥ずかしいからなのだろうか。それとも、本当に「会いたくない」と思ってのこと？　海外でまで同胞の民の顔は見たくないものだ、と？　まさか、と考えたいところだが……。

最近は、以前ほどこの声を耳にしなくなった。日本人とすれ違う回数が多いせいかもしれない。あるいは、いちいち顔をそむけるのも疲れるくらい、日本人とすれ違う回数が多いせいだろう。

どこにいたって、ごく自然にふれあいたい。微笑みたかったら、未知の人どうしでも笑顔を交わそう、イタリア人みたいに。困っている人には、できる範囲で手を借すあなたであってほしい。ちょうど、イタリア人がそうであるように。

ウフィツィ美術館へ行くべく、ルッカからフィレンツェへの列車に乗り込んだ倫子さんと健一さん。次から次へと目に入っては去っていくトスカーナの風景にクギづけ。子供みたいに窓に張りついてながめていると、あ、ここはモンテ・カティーニ・テルメ駅。

――タカコさんが住んでいた町よ。ここでイタリアの生活を始めたんだって。世界的に有名な温泉リゾート地らしい。

などと健一さんに話していたら、その駅から、中年の日本人夫妻が乗った。イタリア人乗客ばかりのローカル列車なので、お互いにビックリ。

「日本……の……かた……ですよね？」。「ハイ、そうです」。とたんに、ドーッと笑み崩れたご主人。安堵の表情を隠さないまま、「ごいっしょしてもいいですか？」。もちろん、どうぞどうぞ。二組の日本人夫婦同席の半時間の汽車旅となる。

中年夫婦はＪＴＢのツアー客、とのこと。モンテ・カティーニ・テルメに滞在中。今日はピサとフィレンツェを観光する日程となっていた。ところが、朝の散歩に出かけたご主人、迷子になってしまう。幸いにもホテルの連絡先は携帯していて、公衆電話でコンタクト。「ホテル戻りが遅くなると皆さんに迷惑をかけます。もう出発しちゃってください」と、ツアーコンダクターに伝えたそうだ。

なんとかホテルへたどり着き、待っていた奥さんとふたり、列車利用でフィレンツェへ向かうことにした。ツアーの人たちが昼食をとるレストランで合流しようというわけ。

――いやー、あまり気持ちのいい朝だったもんで、フラッと散策。広場へ出て、すぐ戻ろうとしたら、どっちから来たのか見当がつかなくなっちゃって。

さぞかし焦ったことだろう。奥さんの心情はさらにいたたまれなかったに違いない。団体で行動のツアーなのに、出発時間になっても姿を現わさないご主人。心配と申しわけなさで気が気ではなかっただろう。

それにしても、なかなか大胆なふたり。フィレンツェのレストランへ追っかけ合流するのはいいけれど、ガイドブックも地図も持っていない。そっか、グループツアーだから必要なし、といえばいえる。それにしても……。

早速、手元のガイドブックで調べてあげる倫子さんたち。すぐに発見。フィレンツェ駅から五百メートルぐらいの場所にある。地図を見せてあげた。

――レストラン、この通りにあるみたいですよ。我々の行くところも同じ方角。そこのレストランまでごいっしょしましょう。

――いや、いや、いやー、地獄で仏とはこのことだ。助かります、助かります。

破顔一笑のご主人。奥さんのほうは、まだ石になっている。表情が硬い。朝のショックが、未だ尾を引いているようだ。ご主人の無謀さ、呑気《のんき》さかげんに立腹しているのかもしれない。そうでしょうとも。よくわかる。列車の中で親切な日本人と出会ったからいいようなものの。さもなければ、いったい、どのようにしてレストランを訪ねて行ったのだろう。語学も達者な夫婦ではないようだった。

でも、たぶん、なんとかなってしまうんだろうな。こういう明るく元気なご主人なら大丈夫。会話に不自由しても、身ぶり手ぶり、イタリア人に聞き当たることだろう。「迷える羊」にことのほかあたたかく接するのが彼ら。誠心誠意、調べまくって教えてくれると信じる。

それでも、日本人にめぐり会ったほうがより心強い。おまけに、イタリア人に勝るとも劣らず親切なカップルに恵まれたとはラッキーだ。やはりイタリア。「奇跡」の国です。

無事にふたりをレストランまで送り届ける。食事まではまだ時間があるため、アペリティフでもと誘う。すると御主人、ブルブルブルブル。首を大きく振りながら発言した。

——お誘いはとてもうれしいんですが……。青くなって駆けつけなきゃならんところを、赤い顔して行ったのではマズイですから。

言えてますな。ツアーのみんなが心配していたのに、ホロ酔い気分で現われたんじゃヒンシュクもの。

——ホント、ホント。袋だたきにあいかねませんね。

——アハハハハ。まったく、そのとおり！

——ハハハハ。

爆笑のうちに、住所を交換しあって別れたという。

初めてイタリアに旅した我々が、人の案内までしちゃうんだもんね。これってかなりコメディよねえ。と、倫子さんは笑う。でも、この国は、そういったコメディまでがよく似合う。あったか〜い人たちが幸せを感じられる国なのだ。

さてさて、ウフィツィ美術館。目指して行ってみたものの、みごとな長蛇の列。最低でも一時間半は待たなければならない様子。「止め、止め！」。即座に潔くあきらめたふたりだった。「結局、旅行中、ひとつも美術館へ行かなかったことになったの。トホホホ、よね」と笑う倫子さん。いいさ、いいよ、よかったんだよ、と私は思う。ウフィツィは次回にとっておけばいい。初めての異国の地で、同じ日本人を案内してあげたほうが、ずっとずっと貴重な気がする。

人生は助け、そして助けられてすぎていくもの。旅だって同じ。そうじゃないだろうか。

グループツアーの哀感

モンテ・カティーニ・テルメにグループツアーかぁ……。JTBの団体さんが滞在だったと知り、感慨深い私だった。なぜなら、その地に暮らしていた十二、三年前には、日本からの旅行者は無きに等しかったから。団体客はもちろんのこと、個人的に訪れる日本人もごくごく数えるほどだった。三年間の生活のなかで、日本からの旅行者に会ったのは、両親・従妹、そして何人かの友人のみ。拙宅を訪問の旅だった。

当時、市長さんに何回も言われたものだ。我々の下の階に住んでいたため、毎日のように顔をあわせ、あいさつのように。

――日本の人たちは、どうしてフィレンツェにばかり滞在するんだろうねえ。すぐそばに、こんないい保養地があるというのに残念だ。せいぜい、PRしてくれよ、タカコ。

なんなら、宣伝費を捻出してもいい。大々的にキャンペーンを打とうじゃないか。そんな話さえ出たものだ。時は八十年代半ばから後半にかけて、経済大国日本の名をほしいままにしている時期だった。

日本の出版社からの依頼で、何回かこの街の紹介をした私。「グレース王妃がこよなく愛した街ですよ」「花と緑、小鳥の囀りにあふれたエレガントな高級リゾート地」、などなど、大小の原稿を書いたものだ。

けれども、日本人旅行者が滞在する気配なし。フィレンツェからの半日旅行にもふさわしいのに、どの団体さんもピサやシエナなどへ行ってしまう。

それが、十年以上たってやっと！　現在は市長も代わってしまったが、街ぐるみで大よろこびしていることだろう。やっと日本人が来てくれた、と。「タカコに似たような人たちが歩いてる」と思っている人もいるだろう。当時は、この街に住んでいた唯一の日本人だったのだ。

古代ローマ時代から続く温泉が各所にわく高級保養地なので、街中が公園のよう。盆地のフィレンツェとは異なり、夏は涼しく、冬には温暖気候に恵まれる。近距離に位置しているのに、常に数度の温度差があるのだ。

散策にもってこいなのは言うまでもない。より清々しい朝方などなおさら。テルメ（温泉）の公園内から流れるオーケストラの生演奏を耳に歩き、ベンチに腰を下ろすひとときは夢のよう。まるで、愛らしい天使までが舞い降りてくるようなファンタジーも感じる。

そんな「楽園」ムード、「天国」タイムを知っている私だけに、ＪＴＢの団体さんが、「朝の散歩でついフラフラ……」というのはよくわかる。一歩ホテルの外へ出れば、自然足が動いてしまうのも人情というものだろう。

だが、グループツアーの身。心ゆくまで朝の散策を楽しむなどということは許されない。五時、六時の早朝出発で観光スケジュールをこなすツアーも多いと聞いているほど。朝食すら満足にとれない日だってあるようだ。

ここらへんが、欧米人には理解できないらしい。なにゆえ、そこまでして観光に徹しなければならないのか。まるで、疲れるだけの旅ではないか。などと首をかしげる。

欧米だってグループツアーはあるものの、日本のようなハードスケジュールでの行動はとらないのがふつう。実にゆったり。朝など、いつまでも食事をとっている団体さんまでいる。「この人たち、観光が目的じゃないのかしら。イタリアの朝食を満喫しに来たってわけ？」などと皮肉りたくなるほどだ。

朝の散歩で迷ってしまった中年男性いちばんの嘆きは、食事内容にあったらしい。連日、ピザとパスタ攻め。いくらバリエーションがあったって、毎日繰り返されるのではたまらない。しかも、やたら急《せ》かされる、とか。こんなふうに言っていたそうだ。

――時間が制限されてますでしょ。食べていても、皿下げようとしますねん。それを、「まだ食う」ゆうてウェイターから取り返して……。ほんまにシンドイですわ。

レストランに入り、席につくなり皿がズラーッ。空の皿ではなく、料理入りのものが並べられる。うっかりしていると、口もつけないまま皿を下げられ、次の料理が運ばれてくるそうだ。

しかも、ピザかパスタ。メイン料理はさしたる味覚も感じられないチキンなどが多く、新鮮な野菜や果物をサーヴされることは稀らしい。

これが平均的グループツアーの実態。「食べることが目的で参加したのではない」という人もいるだろうが、なんとも惜しい。本場のイタめしを味わい楽しんでこそこの国の魅力なのに、と思ってしまう。

観光地の見学以外でも、いや、むしろそちらのほうにより想い出となるできごとが待っているイタリア。団体の旅なら、フリータイムも入ったツアーをすすめる。半日観光、あとは自由行動、などという日程が望ましい。

三食、オール食事つき、というのも避けたい。

言葉がわからないので不安? どの店へ入っていいか見当もつかない? 心配はいりません。日本よりもフランクに食事ができてしまうのもイタリア。ピザやパスタ攻めにあきあきしていたら、バールでパニーニをつまめばいい。ホテルでだって作ってくれる。本格的なイタリアンを満喫したければ、ホテルに尋ねて予約の電話を入れてもらう。タクシーを呼んでもらってレストランへ行けばいい。

ホテルによっては、かなり満足のいく料理を出すレストラン併設のところもある。宿泊客とわかれば、一品にサラダを注文しただけでも嫌な顔はされない。デザート、そしてコーヒーも頼んでフィニッシュとすればよりスマート。にこやかな笑顔での「グラッツィエ」「アリヴェデルチ」が返ってくることだろう。

各人各様の客が集まるグループツアー。親しい知人のツアコンさんに言わせると、まさに人間模様を凝縮したようなものだとか。シルバーツアー全盛の昨今はなおさら。

——よく参加してくれるおばあちゃまは七十歳すぎ。どこかのお金持ち老人らしい。近頃少しボケ症状が出てきたみたいなのね。旅行中、ヒヤヒヤするのはこっちのほう。百万円ずつを束にしたキャッシュを、いくつもドサッと抱えて行動するの。「危ないですよ」といくら注意してもダメ。計算もよくわからないみたい。これじゃスラれても気づかないわ、って感じだけど。

この老女性の前では、「ボケ」のひとことは禁句。常にボケているのではないだけに神経を使う。ツアー参加の人たちに、「くれぐれも発言に注意してください」とお願いしたそうだ。

ある日の朝、このリッチなおばあちゃまにボケ症状が発生。スーツケースをまとめ始め、「成田空港へ行く」と言い出したらしい。スーツケースを提げて部屋から出てきた彼女を見つけた隣室の初老婦人。「×さん、どうしたの？　まだ旅の途中なのに……」と叫んでもムダ。「これから成田へ行って、イタリアへ出発するの」などと呟《つぶや》いていたそうだ。

その日以来、初老婦人の話題は朝のできごとがメイン。何回も得意げに話して聞かせるのも不気味な限り。ことあるごとに、「いくらお金があってもねー。ああなっちゃおしまいよ」などとグループの人たちに話している。

――それは聞いたっ。きのうも聞いた！　その前の日だって。「アンタも別のボケにかかっているんじゃない？」と言いたいけど、私はプロのツアコン。忍の一字で耐えてる。マ、人間観察にはすごくいい。人生や老いを考えるのにも役立つしね。

仕事の関係で急きょフリータイムの多いツアーに参加することになったOさん。ちょうど大学生の卒業シーズンにぶつかり、社会人になるのを控えた若者たちが中心の一行となった。

――男の子たちはすごく礼儀正しいというか、むしろ静か。すごいのは女の子たち。朝食にはボサボサ髪にジャージ、サンダルひっかけてやってきたり、バスの中でメークしたりしてる。遅れてくるのだって、いつも女の子。みんなが待っているのに、「ごめんなさい」のひとことも言わないのよ。これが一週間続いたでしょ。いろいろ考えちゃったわ。

そういえば、昔、まだ団体でしか中国へ入れなかった時。両親と共に参加したことがあるツアーにものすごい女性がいた。

二十代半ば、いや、後半の年齢だったかもしれない。いつだって集合時間に遅れてくる。理由がふるっていて、「現地の男性に声をかけられちゃったのお♡」。日中親善のためにお相手をしなければ、と話しこみ、連絡先の交換などをしているうちの遅れだそうです。

ある日の朝。バスにて移動の我々。最後席についた彼女が、手にしていたビニール袋からパンストを取り出した。前方の手すりに掛けている。「今朝洗ったんで乾かさなくっちゃ」などと言いながら。その前の席に座っていた我々はア然。母など、未だ語り草にしているほどだ。「すごいわよ。あそこまでできちゃうなんて」と。

この女性は、友人といっしょのツアー参加だった。だが、旅の半ばからバスでの席が離れる。「彼女にはついていけない」と、部屋も替えてもらったらしい。

常に遅れてきては出発に支障をきたす彼女の存在に苦い顔のツアー参加者ながら、だれひとりとして文句を言わない。それもおかしいではないか。ツアコンがなんらかの注意をしないのも不本意だ。かくなるうえは――。

――あなた、いくらなんでも勝手すぎるわ。団体行動の最低ルールを守れないなら、ツアーに参加すべきじゃないわね。残り少ない日程となったけど、集合時間には遅れないでちょうだいね。

一瞬、シーン。ツアーの仲間たちは下を向いている。私の両親も同様だ。すると、ワガママ女は「フェ〜ン」とツアコンに泣きついた。「あの人にいじめられたの〜お……」。「当然です！」のひとことを期待していたのに、ツアコンの男性は戸惑いの表情を見せるだけ。グループツアーというのはこんなものなんだ。しみじみと痛感しましたね。

これまた、人生の縮図ともいえる想い出のできごと。なんだか、現代の日本の社会現象を暗示していたみたい。そんなふうに感じられてならない。

観光地でだってホンモノのイタリアン

「ツーリストメニュー」という看板が目につくのは、やはり旅行者の多い観光地。ローマ、ヴェネツィア、フィレンツェあたりがナンバースリーといったところだろう。パスタにメイン料理、デザートなどがついて千円ぐらいというお値段。デザートではなく、テーブルワイン、あるいはミネラルウォーターつき、などというセットの時もある。いずれにしても、リーズナブルなメニューなので、お味への期待は持たないほうがよろしい。アル・デンテに茹で上ったパスタはまず出てこないし、メインの魚肉料理もありきたり。イタリアでは安価な七面鳥や鶏肉のローストが定番に近い。

でも、便利なことは確か。わずかな種類のセットメニューから指させば、ひととおりの料理が出てくる。さしたる会話も必要なし。作りおきが多いため、他のレストランのように待たされることもない。時には意外とおいしいディッシュにも恵まれることだってなきにしもあらず。期待してさえいなければ、それなりに納得の食事となるだろう。

でも、シーズンどきの観光地では、いつだって混んでいる。ことにランチタイムがひどい。どうしても同じような時間帯となるため、ツーリストメニューにだってワンサと人が集まる。

二時半か三時には昼の営業を終えてしまうのも理由のひとつだろう。日本とは違い、時間をずらしての遅い昼食をとることが難しいのだ。

フィレンツェでの倫子さん夫妻の昼食です。初秋はハイシーズンもいいところ。どこもかしこも観光客でごったがえしている。

――なんか、混んでいそうだなあ、どこのレストランも。

――うん。トラットリアも同じね、きっと。でも、人の行かなそうなところならいいんじゃない？　きっとすいてるよ。

市内を流れるアルノ河の対岸を西に向かって歩いて行く。おっ、やっぱり！　名所を結ばない小径は静かだった。しばらく進むと、地元の人たちでにぎわったバールがあった。ごくごく普通のお店。町のオジさん、オバさんの溜《た》まり場みたいだ。

ここがいい。ここにしよう。すぐに了解しあったふたり。旅も後半。すっかり息が合ってきたようだ。

バールの入り口には、ガラスケースの中にお総菜がいっぱい。家庭料理の数々が充実している。トマトとツナ、そしてオリーブのサラダ、及びトマトのリゾットを注文。ビールもお願いね、となる。

――本当にもう、なんでもない普通のバールだったんだけどね。なんかしみじみおいしかった。日本に帰ってから夫が作るサラダって、けっこうここの影響を受けているみたい。そのくらい印象に残る味だったのよ。

リゾットもなかなか。温めなおしに決まっているのに、歯ごたえのあるしっかり味。トマトのほうもフレッシュさを保っていた。

——そうかあ、リゾットって作りおきがきくのかな、と家で作ってみたの。ちゃんとイタリア米を使ってね。でも残ったのを温めてみたら「おじや」になっちゃった。それなりのテクニックがいるのかしら？

リゾットの歯ごたえ、そして温めなおしても美味に関しては、多くの方々から質問を受ける。良い機会なので、ここに「テクニック」を記しておこう。

イタめしによるリゾットの基本的作りかたは、スライスしたタマネギをオリーブオイルで炒め、お米も加えてから、辛口白ワインを入れ、ブイヨンと共に調理。このブイヨンがポイント。いっぺんに使用量を入れてしまってはいけない。最低、三〜四回にわけること。その間は、かなり頻繁に木ベラにてかき混ぜることも大切。そして、鍋のフタをしてはなりません。あくまでも少しずつ煮込んでいく。これが歯ごたえあるリゾット作りのコツ。はたまた、作りおき、温めなおしでも「おじや」にならないテクニックだ。

今年の六月に帰国した時、従妹の娘（八歳）に、リゾット作りを教えてほしいとせがまれた。

昨年の夏休み、家族でイタリアへやって来た従妹一家。まだ八つの娘なのに、いたく強い印象を受けた様子。料理に対しても、深い興味を抱くようになった。ピザ作りは拙宅にて実演ずみ。学校に提出するほどのレシピ通となった。

――でも、リゾットはわからない。どうやって作ったらいいの？　タカちゃんがイタリアで作ってくれたリゾット、とってもおいしかった。教えて！

そこまで言われては、「やーよ」と断われないではないか。ではいっしょに、とお料理教室のセンセーとなる。リゾット実習は初めてではない。何回か日本で行なう。「どうもコツがわからない」と、わざわざ講習会まで催しての招待調理となったこともある。コツさえつかめば、なんということはない簡単な料理。徐々に本場のリゾット作りが広まってくれるとうれしい。

従妹の娘と共に作ったのは、魚介類のリゾット。子供なので、白ワインは控えてみた。分量も、彼女には一人前弱。大人の量では多すぎると考えたのに、ペロッとたいらげ、もの足りない顔つき。「次からは大人と同じ量にしなくっちゃ」と従妹が苦笑い。今では、三日に上げず、「おかあさん、リゾットにしよう」とリクエストされるらしい。

フィレンツェのバールでも、伝統の調理法で作った家庭料理ばかり用意されていたのだろう。観光地にだって、このように健全なる食事が元気に息づいていることは好ましい限りだ。

ブランドより貴重なショッピング

——Andiamo《アンディアーモ》 per《ペル》 vetrine《ヴェトリーネ》

直訳は「窓へ行こう」。ごく正しくは、「Andiamo《アンディアーモ》 per《ペル》 in《イン》 giro《ジーロ》 a《ア》 guardare《グアルダーレ》 le《レ》 vetrine《ヴェトリーネ》」と言い、「ウィンドーショッピングに行こう」の意味。が、みんな、「アンディアーモ　ペル　ヴェトリーネ」ですましている。

イタリア人はウィンドーショッピングが好きだ。買いものそのものよりもパッションを燃やしている男女だって多い。

店が開いていようといなかろうと、仲よく抱きあったカップルがウィンドーに目をやっている姿をよく見る。

——ねえねえ、見て！　あれ、いいと思わない？　セクシーだけどエレガントだわ。

——うん、ホントだ。ゾクッとするデザインだね。

——私にどう？　似合うかしら？

——そりゃ、もちろんだよ、アモーレ　ミオ。でも、なにも身につけないキミがいちばんさ。

チュッ（とバッチョ＝キス）。

なーんてやってる。イタリアだなー。愛の国だ。ウィンドーショッピングでさえもアモーレムードであふれている。

考えてみると「豊か」。買いものをしないでもじゅうぶんに幸せを味わえるということだから。日頃の欲求不満やストレスが少ないという証拠ではないだろうか。

ともかく、イタリアのウィンドーはファンタジーがいっぱい。どこのお店もセンスのいいコーディネートを配して商品が置かれている。日本では通常、プロのコーディネーターによってウィンドーが飾られているはず。だが、この国では、お店の人たち自らやってしまう。オーナー、あるいは店員がコーディネートしているところを何回も目撃した。すごいなー。さすがにアートの国だと感心する。

隣り町のブティックの店員ダニエラ（三十四歳）なんて、毎日ウィンドーを変えている。

――オーナーにまかせられてるの。好きなように飾っていい、と。自分のファッションもそうなんだけど、毎日違うムードを演出したいのね。だから、朝出勤するとすぐウィンドーのコーディネートにとりかかる。大変？　ううん、楽しいわよ、とっても。

小さなウィンドーではないだけに、飾りつけなければならない衣料、小物は多数。毎日、マニアックなほどにチェンジしていくダニエラには感心するばかりだ。

倫子さんがめいっぱいウィンドーショッピングを楽しんだのはコモ湖だったとか。国内外の観光客でにぎわうベッラージオの街。

——すばらしいカシミアのマントを見つけたの。きっと、一生記憶に残るくらいにステキだった。買わなかったのに……。ううん、買えなかったからこその感動だと思う。

「あんなセクシーなカシミアに出会うことはもうないだろう」と彼女。さりげないデザインのベージュのマント。全体がきめ細かいうねりを作っていて、アストラカンのような美しい艶《つや》をたたえていた。うっとりするような加工技術。気品あふれた風合。職人芸による結晶にふさわしい一着だった。

——触れたい。頬をすり寄せたい。そんな官能的感触を手に入れたい。そう思って、眼が吸い寄せられちゃったの。でも、でも、欲しいけど、残念だけど、私にはまったく似合わない。この質感のマントには、峻厳な白人の顔がふさわしいってよくわかる。あきらめよう。きっとこのマントを着こなせる人がいるに違いない、と。

カシミアのマントの後も、さまざまなウィンドーショッピング。微妙な緑色のセーターに興奮したり、カラー配合がみごとに調和したスカーフに歓声を上げたり。

——同じデザインのセーターを何色も並べているショーウィンドーもあったの。まるで虹のよう！　絶妙な感覚に脱帽したわ。イタリアのウィンドーショッピングって、刺激がいっぱい！　いい絵を見たように満たされるものがあったわ。

「買う、買わない、じゃなくて、憧れるのはエネルギーになる」と倫子さん。実は、これこそがイタリア人のファッション感性。ひいては、生きる源ともなっている。

センスのいいウィンドーをながめていると、「楽しい」、「わくわくする」。それが日々のエネルギーにつながり、「人生っていいものだ。よーし……」となるのだろう。

ウィンドーからのウォッチングのみならず、買いもので幸せを得たのはフィレンツェだったらしい。

宝石店ばかりでキンキラのヴェッキオ橋を渡った対岸に、倫子さんの「夢」は待っていた。

――実は私、イタリア、初めてじゃないの。正確にはこれで三回目。でも、今までの二回は列車で通過、あるいは仕事でのあわただしい旅行だったのね。その時、日本には決してないグリーンカラーの革手袋を見つけたの。買う時間、状況ともになくて、「ああ、欲しい」のまま十何年か。憧れのその手袋にやっと再会したの、対岸にあった専門店で。

店の名は『マドヴァ・グローブ』。小さな手袋専門店。ウィンドーをのぞく。なんともコックリと色深い、けれども晴れやかな緑の手袋があるではないか！

「あれよ、あれ！　ああいう色だったの。あの手袋よ！」。倫子さんの声はのぼせあがる。それまで何度も「夢の手袋」ストーリーを聞かされていた健一さん、「入ろうよ。買えば」。ヒャッホー。妻、舞い上る。

店内で希望を告げる。英語を解す店員さん、すぐわかって、「ユア ハンド?」。手をちょっと差し出す仕草をして、「あなたの手、見せてください」と言う。彼女の手を一瞥《いちべつ》。即座に脇の引き出しを開け、「夢の手袋」を取り出した。

畳んであった手袋の各指に木製棒の「手袋拡げ」を素早く入れる。手袋を立体的にしたところで、「シニョーラ!」。「奥さま、お手をどうぞ」というわけだ。

差し出した倫子さんの手にスルリ。店員がはめてくれた。ピッタリと手に吸いつく。完璧なサイズ! うー、たまらないっ。官能的な歓びそのもの。しなやかな上質の革、インナーのカシミアのソフト感触。そして、プロフェッショナルに徹した店員の判断力と笑顔――。「目が星」のお姫様になった倫子さん。夫の健一さんを振り返ると、「いいじゃない」。しかも、「さっきの茶色のもよかった。見せてもらえば」。

店員さんがまた引き出しを開け、茶の手袋を出してくれた。五種類もある。「フィッチ ブラウン?(どの茶色?)」。そうかあ、同じ茶色でも、ありとあらゆるカラーがあるんだ。ココア色の茶、淡い砂色の茶、エスプレッソのような濃茶……。カプチーノにそっくりな茶色だってある。ずらっと並べられた茶のグラデーションのきれいなことといったら!

すべて欲しくなったものの、なんとか欲望をコントロール。お気に入りのキャメルカラーの革ジャンに合いそうな黄味がかかった茶色を選んだ。

――ふたつの手袋で約七千円。だから安心して買えたとも言えるわね。それにしても、この買いもののゴージャス感ってなんだろう。色、素材、サイズ……、各要素を直感で理解してくれるプロの店員さん、良心的な品揃え、いろいろあるんでしょうね。ともかく気持ちよかった。日本じゃなかなか体験できないショッピングになったわ。

イタリアの店員ほどプロに徹している人たちはいない、とよく思う。「売ればいい」のみの思考で働いているケースはごく少ない。というより、まっとうできないのではないだろうか、そういったマニュアル精神は。

プロとしてと同時に、客に対しての誠意をも発揮するのがイタリアの店員。似合う、似合わないの発言もストレートにしてくれる。

だからこの国では、店員さんのアドバイスを求めての買いものが興味深い。一目見ただけでなにが似合うか否かをキャッチしてくれるので、決して後悔のチョイスにはならない。むしろ、今まで似合わないと信じこんでいたファッションがしっくり。新しい自分の魅力を発見することだってあるだろう。

せっかく、スタイリストだらけの国でのショッピングなのだ。店員さんたちのアドバイスをフル活用。今までとは違うおしゃれにトライするきっかけを作るのも胸躍る。

ポジティヴ思考になる旅

「ヨーロッパへは行かない」と言っていた健一さんなのに、フィレンツェの手袋店でみせたやさしさ、妻思いはなんなんだ。まるで、ネイティヴなヨーロッパ人、いや、イタリア男そのものだ。

そういえば、かつての父もイタリア夫していたらしい。ほんのひととき、旅行中でのことながら、「驚いたわ」と母。「お父さんにあんなことされるのって慣れてないでしょ。戸惑っちゃったわ」などと言っていた。

なんでも、イタリア滞在中は、レストランでの椅子をサッと引いてのエスコートまでしてくれた、とか。ウワーオ！　マジー？　これには私までビックリ。典型的な日本男児タイプの父が？　とてもとても想像ができなかった。そう伝えたところ、母は返した。

――なんだかわからないけど、イタリアじゃやさしかった。ドアだってそうよ。ホテルの部屋へ入る時も、お父さんが開けてくれて、私を先に通すのよ。

ふーむ、それは異常だ。いくらなんでも……と不審でならなかったが、次の発言にて納得。

――でもね、親切なのはそこまで。部屋に入ったとたん、元に戻るの。家にいる時とまったく同じ。お風呂のお湯入れだって私にさせるんだから。

なんだ、なんだ。パブリックプレースのみでのフェミニストぶりじゃないか。ホッ。妙な安心もした私だ。

ともかく、ホテルの部屋以外では、ひたすら妻孝行の父だったらしい。「あれが欲しい」と言えば、「買ったらいいじゃないか」。「これが食べたい」には、「ここで待っているから買ってくるといい」。日本では亭主関白のほうだというのに、この差はすごい。

イタリアって、封建的な日本男児でさえも変わってしまうのだろうか。エスコート上手のカヴァリエーレ（騎士）になれちゃうわけ？

日本に戻り、父は言った。

――まったく、まいっちゃったよ。お母さんには。外歩くとすぐ、「ああ、喉かわいた」「なにか食べたい」なんだもんなあ。フィレンツェでなんか、「喉、カラカラ。なにか飲みたい、飲みたい」って大変だったんだぞ。子供より始末悪い。

それは、それは、ご苦労さまでした。

「イタリアは、遥かかなたに想うもの。そして悲しく……いや、好ましく想うもの」。高齢で今や訪伊も叶わなくなってしまった父の心情かもしれない。

男性というのは、本来、やさしい生き物だと感じる。女性よりもずっとやさしい（良し悪しは別にして、という意味で)。日本の男性もまた同じ。国が変わろうとも、本質的な大差はありえないと信じる。

ただ、表現法があまりに違う。イタリア男性はストレートな言動が先に立つけど、日本男性はそうじゃない。やさしさはあっても、それを表に出すのがうまくないのだ。そういったことを「よし」としないよう努めていると言ってもいいだろう。

個人的には私、好きですね、日本男性のこういうところ。根が古いタイプなのだろう。「武士は食わねど……」のような生き方に男の美学を感じてしまう。

だからこそ、たまの旅行での異なり発揮は大変好ましい。一年に一回くらい、ガンコなオヤジが騎士に変身しちゃうなんて愉快でいい。

ね、健一さん。だから、一年に一度はイタリア旅行をいかが? 男前、ますますあがりますよ。そう伝えたい心境だ。

イタリアという国は、どういうわけか笑みの出る国。太陽のせいなのだろうか、それとも風景? 人々の心にはいつもヒューマニティとユーモアがあって、こんなふうに思ってしまう。

——人生なんてねー。これ以上でもこれ以下でもないんだ。おいしいものを食べて楽しくすごさなければウソだよなー。

悦楽を味わうことが上手な彼らのなかにいると、知らずプラス思考になっていくあなたに気づくことだろう。これこそがイタリアンマジック。ものごとをポジティヴにとらえる洗礼を受けたようなもの。旅も人生も、どんどん楽しくなっていくに違いない。

フィレンツェからローマに着き、イタリア旅行も最終の地となった倫子さんと健一さん。快調、痛快なできごとが続く。

ローマのホテルはテルミニ駅の近く。日本の旅行会社にとってもらった三つ星だ。シンプルだけど清潔。ベッドのスプリングだって悪くない。感心したのがインテリアのセンス。青緑と艶のある黄土色の織り地のベッドカバー、そしてカーテン。大胆にしてシックな色合いに感心しきり。

あまりにすばらしいので、ベッドカバーをローマ人風にまとい、健一さんにシャッターを押させる。

――それ、なに？

――ブルータスよ、お前もか！

――………。

まだ一度もピザを食べていないことに気づく。この日の夕食はピッツェリアだ！

雨の週末。喧騒あい増したローマ。ホテルでタクシーを呼んでもらい、ガイドブックに載っていた店まで頼む。

住所と店名を見せるなり、ブインと発車。久々のイタリアのタクシーだ。この運転手さんもまた飛ばし屋。「マ、こんなものでしょ。イタリアだもん、ここは」とポジティヴぶりっこ。ライトアップされた太古の建物なども、次々に消え去って行くけど文句も言わない。「……ハ、ハ、ハ」。ひきつりつつも、笑顔で見つめあう夫婦。

右へ左へとブッちぎって曲がり、「ウソでしょー。こんな道、入れるの?」という小径をくねくね曲がり、キーッ、ドン。到着。「ここだよ」。プラス思考にならざるをえませんな、こんな運ちゃんでは。さもなければ、タクシーなどに乗れっこない。

ピザ、いや、イタリアではピッツァ、ですね。そのピッツァを注文する。「気ままな」という意味のカプリッチョーザは、ハムやマッシュルーム、その他いろいろな具がのっている。それと、ポルチーニ茸のピッツァ。ハウスワインとビールも。

ピッツァを頼んだ直後、「なにか前菜が欲しいな」と健一さん。「だって、ピッツァ、すぐ来るよ」「でも、その間のつなぎに、さ」。もー、言い出したらきかないんだから。生ハムとルッコラのサラダを追加注文した。

その途端、二枚のピッツァが到着。ホラ、ごらんなさい、の表情を浮かべた彼女に、「ごめん、ごめん。こんなに早いとは思わなかった」の発言と同時に、サラダもやってきた。ついでに、何の具ものっていないピッツァまで。本場のピッツァは大きい。三枚も並び、テーブルの上はもういっぱいだ。

注文しすぎを悔やんだものの、結局はこの失敗が大当たり。周囲の客に倣い、プレーンなピッツァにサラダをはさんでかぶりつくと、「うっま〜いっ！」。

——カリッと香ばしいけど、モチモチ感もある食感なのね。北京ダック、ベトナムの生春巻、メキシコのタコスに通じるものがあるみたい。ルッコラがまたホロ苦いフレッシュな味わい。三種のピッツァ、それぞれを順繰りに食べてると、まったくあきなかったのよね、これが。

「よかったね、頼んで」。ご機嫌なふたりだった。

相席していたイタリア人のおっちゃんたちは、とっくに食事が終わったというのに動こうとしない。ゆうゆうとワインを飲んでダべっている。ウェイターのお兄ちゃんが、「いいかげんにしてくださいよー」と声をかけてもへーキ、へーキ。マイペースでおしゃべりを続けている。勘定をすませ、呼んでもらったタクシーを外で待とうと立ち上った。すると、ウェイターさんが、「座ってなよ」のジェスチャー。「どうせ、この人たちもいるんだから」と笑って示した。ポジティヴ、です。

タクシーでホテルに戻り、少し夜のローマをウロウロ。食料品と雑貨を売っている小汚ない店発見。薄暗い店内には親父さんがひとり。小太りのシンパティコ（感じのいい）オジさんだった。

グラッパを買う。健一さんが勘定している間、立ち飲み屋ふうミニバー・コーナーの棚を眺める。リモンチェッロがあった。

——あらー、あのリモンチェッロ、しばらく前、日本で流行《はや》ったのよ。

「リモンチェッロ」のイタリア語を耳にした親父さん。相好を崩し、「好きかい?」。「うん」。「じゃ、飲んでいけや。俺も飲むからさ」。

グラスを取り出してドボドボッ。おじさんと「チンチン!(乾杯!)」。「おいしいっ!」。「これって水で割ったりするの?」。おじさん、ブルブルとかぶりを振り、「とんでもない!」。

倫子さんの飲みっぷりがよかったせいだろう。また、ドボドボッ。もう一度、「チンチン!」。甘味はタップリながら、アルコール度数は四十度以上。

——くるなー、と感じたけど、ここで残しては女がすたる、よね。日伊友好、ローマばんざい! おしゃべりして、飲み干して、「グラッツィエ」ならぬ「グラチェ、グラチェ。ブオナセーラ!」すっかり酔っぱらって、あー、幸せ〜っ。夫は相当あきれていたみたい。でもさ、旅行ってこれだよ、うん。なんてね。

私にも似たような体験が何回かある。古くは二十数年前。やはりローマでのことだった。夕食後、友人とふたりでホテルまで歩いていると、バールの明かりが目に飛び込む。近づいて、「どうする? コーヒー、もう一杯飲む?」などと言っていると、オーナーらしき男性が、「飲んでいけやー」のジェスチャー。食後酒をごちそうになってしまった。

最近では、昨年の十二月下旬。友人と出かけたヴェネツィアの下町のバール。パニーニを食べ、出ようとしていたら、土地っ子のオジさん数人に捕まる。次々に食後酒をおごってくれるではないか。友人が酔んべえだったからよかったものの、なんというハプニング。

「今日の夕食はどこでとる?」と聞かれ、「わからない」と答えたら、さー、大変。店主もいっしょに、ああでもない、こうでもないと相談が始まった。やっと近くのトラットリアに決定したのは、二十分ぐらいたってのことだった。フーッ。

いかが? ユニークな国でしょ、イタリアって。これならポジティヴ思考にならないわけがありません。

第6章

イタリアの旅にハマる

なによりのお土産とは?

残るイタリア滞在も二日間となった倫子さん夫妻。そろそろ、お土産のラストスパートだ。朝市や収穫市などで食材を求めたものの、まだ足りない様子。重くて持ちにくい品が多いけど、やはり食材に大きな魅力を感じるらしい。

昨今のイタリア料理人気には本当に驚く。ブームという段階はとっくに過ぎ、もはや定着しきった普及ぶりだ。そのせいだろうか。親しい友人や知人に希望のお土産を尋ねると、こんな返答が圧倒的。

——できれば食材がいい。オリーブオイルは重いだろうから、パルメザンチーズとか、ドライポルチーニ茸、バルサミコ酢とか、なんでもいい。イタリアの食材ならすべて大、大歓迎!

年老いた両親でさえ、こんなリクエストのファックスをよこすほど。

——特別なにもいりません。パルメザンチーズだけ少しお願いします。

あまり高級なものより、スーパーで売られているポピュラー品がいいらしい。以前、無理をして最高級品を買っていったら文句を言われた。

——なんだか塩気が足りないみたい。風味に欠ける気がする。いつものほうがずっとおいしい。

わかってないんだ。年寄りだから、舌が鈍くなっているのだろうか。次からは、スーパーの安い品にした。

ポルチーニ茸やバルサミコ酢のリクエストはわかるけど、「レンズ豆が欲しい」には笑ってしまった。

イタリアでは、「お金がたまるように」と元旦に食べるのが恒例のレンズ豆。拙著に記されていたのを読んだ知人が、「ぜひ食べてみたい」となったのだ。五百グラム入りで百円弱。それは大よろこびされて恐縮するばかりだった。

同じように安価のグリッシーニを希望する人もいる。日本にだってあるでしょうにと思うのだが、「味が違う」「歯ざわりが異なる」と主張。いいのかなー、こんなお安い品で。気がひける私だ。

前章に登場の従妹は、あるメーカーのパンナコッタを所望。これまたエコノミーなインスタント商品。やはり、「日本のものとは違う」と言う。

こんな食材でいいのなら、いくらでも持っていきたい。でも、けっこう嵩張《かさば》るうえに崩れやすい品が多いのが難。一品ずつパック包装してからスーツケースに入れるという作業も面倒ではある。

食材よりもイージーに運べるのが下着。これは女性に限るお土産となるが、食材の次に感激される。なにしろ、品質、デザイン、カッティングと、すべての面において、イタリアの下着は魅惑的。ひとたび贈ると、「いいわー。つけ心地、最高!」となる。

日頃拙著を応援してくださっているAさんには、レースのボディスーツを贈ることが多い。すぐその場でオープン。「う〜ん、ステキ〜い。ありがとう、タカコさん。近々、パーティがあるの。その時につけさせてもらうわ」などと礼を言われる。

親しい友人や女性編集者にはブラやショーツ。ブラのほうはエレガントなレース製がメイン。ショーツはTバック。皆、最初はギクッ。やがて、「カッティングがすばらしい。ストレッチのズボンをはいても下着のラインが出なくて助かる」の賛辞となる。

困るのは男性へのお土産。すべての人が食材希望とは限らないので、品選びには苦労する。無難なところでは、皮革小物。財布が悪くないようだ。わざと茶系を選んでいる。日本でだと黒が多くなるようなので、ぜひともイタリアの茶色を使ってほしい、と。

「ホラ、使わせてもらってるよ」などと見せてくれる人もいる。かなり使い込んでいるのがわかったりするとそれはうれしい。

ネクタイというのはごく個人的なものなので、お土産としてはふさわしくないと聞く。それでも、いかにもイタリアらしい上質素材のネクタイを見ると求めたくなってしまう。最もよろこんでくれるのがKさん。「僕のラッキーカラー、赤が入っているネクタイだとよりうれしい」なのだそうです。

プレゼントを贈るのが私は好き。相手のことを考えながら、あれこれと選び迷う瞬間が気に入っている。パッケージも原則として自分で手がけたい。常に何十枚もの包装紙とリボンを用意。「これはあの人」「こっちはあの人」と考える時の胸の高まりがなんともいえない。

このパッケージ法、イタリアではだれもがやっている。男の子までが器用に仕上げているのを目にして、最初はひどく驚いたものだ。ちょっとフェミニンすぎるんじゃないかとも感じたが、すぐに訂正。心をこめた贈りものは、包装紙やリボンのはてにまでハートが入っていないと意味なしと気がついた。

ローマでの倫子さん夫妻は、高級食材店での調達に出かける。「市場と違ってワイルド感がないのは残念だけど、これはこれでまた結構」との感想。選りすぐられたイタリアの味が一堂に並ぶさまも壮観だ。

さてと、まずは生ハムを塊《かたまり》で買おう。我が家で食べたのと同じパスタのソースを作りたいためだ。「日本の生ハム値段じゃ、そんな贅沢《ぜいたく》できないでしょ」との理由から。

売り場の店員さんの顔を見たら、「チンクパック？」。ン!?　エッ？　あ、ああ、シンクウパックのことか。他のお客さんに切っているついでに、試食用をひらひら手に落としてくれた。

うううーっ、うっまぁ〜いーっ。

腿肉《ももにく》使用のオーソドックスな生ハムと、肩ロースの濃厚そうな生ハムの二種を求める。それと、豚の塩漬け肉、パンチェッタも。脂いっぱい、コクはあるけどくどいしつこさではないパンチェッタは庶民の味。パスタのアマトリチャーナソースやカルボナーラ作りに最適だ。

ローマやミラノ、フィレンツェやボローニャなどの有名食材店では海外の観光客に慣れているので「真空パック」もすぐわかる。でも、まだまだ「チンクパック」を知らないイタリア人が多い。日本へ持ち帰るなら必要という包装ゆえ、次のフレーズを覚えておくといいだろう。

——Avete《アヴェテ》 la《ラ》 confezione《コンフェツィオーネ》 sotto《ソット》 vuoto《ヴォート》?

あるいは、

——Si《シ》 può《プウオ》 avere《アヴエーレ》 la《ラ》 confezione《コンフェツィオーネ》 sotto《ソット》 vuoto《ヴォート》?

前者が「真空パック包装はありますか？」。後者は「真空パック包装できますか？」となる。「コンフェツィオーネ」を除いて告げても充分に通じるし、「ソット　ヴォート（真空パック）」だけでもわかってもらえる。

トラットリアの上を行く店

「エノテカ」と呼ばれる店が日本でも人気を呼ぶようになったのはいつ頃からだろう。帰国するたびに新しいエノテカが目につく昨今だ。

ワインショップ、ワインバーの意味があるエノテカ。イタリアでは、気軽に飲んで食べる居酒屋を指すこともある。タヴェルナ、オステリア、バール、ローカレなどの名称も、本来は居酒屋をあらわしていたようだ。現在はレストランの別称として使用の店も多い。

また、ヴェネツィアでは、「バカリ」、あるいは「バーカロ」が居酒屋。細い裏道などに数多くオープンしている。イタリア一物価が高いといわれるヴェネツィアでも、居酒屋は別。しごく良心的な料金でランチやディナーを満喫できる。

フェニーチェ劇場近くのバカリ「ヴィーノ・ヴィーノ」で夕食をとったのは三年前。前夜が正式なレストランでのフルコースだったこともあり、リーズナブルでフランクな食事を楽しみたかった。

かつては船乗りたちが総菜をつまんではワインを立ち飲みしていたという居酒屋を復活させたこの店。サン・マルコ広場にある老舗レストラン「アンティコ・アルティーニ」と同経営なので、味に遜色《そんしょく》のあろうはずがない。小さな店内は土地の人々でにぎわってはいたものの、適度な品位も保たれていた。

カウンターにズラッと並んだお総菜のなかから、好きな料理を好きな量だけ取りわけてもらう。新鮮な魚介類はもちろんのこと、肉料理もなかなか。ホームメイドの味が胃にやさしく、ずいぶんと量をいただいてしまった。それでも料金はポピュラーレベルのトラットリア以下。ヴェネツィアでは居酒屋がいちばん！　そう実感したものだ。

ローマのお昼どき、倫子さん夫妻が偶然入ったのも居酒屋。日本語メニューが張り出してあったツーリスト専用レストランはもちろんパス。「どこかいい店はないものか……」と探していた時、ふとさしかかった一軒の店。奥に長い店内は、高い天井が印象的。薄暗いけどお客さんがいっぱい。ワイワイ騒ぐ声が響いていて、元気の良さが伝わってくる。

かなり広い店内なのに、すでに満席状態。入り口から続くカウンター席から、奥のテーブル席までぎっしりだ。幸いカウンターの柱が突き出たところに空席あり。座りにくそうだけどよしとしよう。

——とにかくいいムードの店だったの。カウンターに座ってた女性に、後からきた友だちらしい男性が「チャオ、ベッラ！」なんて頬にキス。そのままおしゃべりに入ったりして、まるで近所の社交場みたい。観光客もけっこういたけど、みんな実にくつろいでる。いいぞ、いいぞ、とうれしくなっちゃった。

ふたりが注文したのは、辛口の白ワインを二分の一リットル。エノテカ風の前菜、そしてポルチーニ茸のラヴィオリ。この前菜が出色だった、とか。大きな皿に薄切りのサラミ、親指サイズのモッツァレラいっぱい。いんげんとナスのオイル漬け、アーティチョーク、ポテトのサラダ、白いんげんのサラダ、スパイシーなオリーブ、などなど。色とりどりの「酒のあて」がズラーッ。しっかり焼いた香ばしいフォカッチャまでついてきた。

なんという魅力的な前菜だろう。ここまでバラエティにあふれた皿にはお目にかかったことがない。居酒屋っていいな。アルコールには強くない私までハマってしまいそう。次回ローマへ行ったら、必ず寄ろう。いや、この居酒屋のためにローマへ飛んでもいいな。そうしよう、と心に決めた。

ふたりが入った居酒屋は、老舗の有名店「アンティーカ・エノテカ」だったことに後で気づく。教えてもらった私は、早速、手元の資料で調べてみた。

ほんとだ。由緒ある居酒屋だ。スペイン広場からさほど遠くないというロケーションもエライ。ワインの品揃えは、なんと千種類以上。地元の白ワイン、特製のコク豊かな赤ワインその他、グラスやボトルで頼むことができる。

朝十一時から深夜までの営業だが、夜七時以降は大変な混みようらしい。立ち飲みを余儀無くされる可能性もあるようだ。これまた居酒屋ならではの雰囲気。ローマっ子たちと立ったまま杯を重ねあうのも楽しいだろう。

ミラノの人気居酒屋を紹介しておこう。やはり老舗のエノテカ「タヴェルナ・モリッジ」。一九二〇年の創立で、インテリアのほとんどが当時のまま。重厚な木製のテーブルや椅子、家具だけをながめるだけでも興味が尽きない。大学や金融街が近くにあるため、教授や学生、証券マンの常連客も多い。モードとは異なるミラノのムードを感じることができるだろう。

こちらのオープンタイムは、朝八時から午前一時まで。ランチタイムは居酒屋、夜間にはワインを楽しむエノテカとなる。

ローマの居酒屋で幸せ気分も絶頂の倫子さんたち。ホテルへ戻り、食材店で求めた「戦利品」を冷蔵庫へ入れる。うーん、今日も充実！　ちょっぴりシエスタ（昼寝）もいいかなと思っていたら、「お酒専門店のトリマーニへ行きたい」と健一さん。

——ったく、この人は、って思ったわね。だって「ヨーロッパへは行かない」と言い続けていたのに、この旅行ですっかりイタリア食にハマった様子。「ハイ、行きましょう、トリマーニへ」となったわ。

ローマを訪れたワイン好きには欠くことのできない由緒あるエノテカがトリマーニ。一八二一年の創立で、扱っているワインは千五百種を超える。各国のガイドブックにも必ず登場するぐらい有名な店だが、五百円ぐらいだっておいしいワインを選んでくれる。

併設のワインバーはモダンなムード。軽いおつまみから、フルコースまでが楽しめる。日本語のメニューも用意されているため、初めての旅行客でもごく安心。いきなりイタリアの居酒屋で食事をしてしまうのもごきげんだ。

トリマーニで各種グラッパを三本購入。「こんなに持てる?」と心配する倫子さんに、「持つ!」と意気軒昂《けんこう》の健一さん。「欲得ジイサンと化した夫だったのよ」と笑う。そう言う彼女も、またスーパーに飛び込んでお買いもの。私がすすめたイタリアのブイヨンキューブを求めたのだった。

さいごの夜、イタリアの余韻

旅の最終日は感傷的な気分となることもある。海外旅行ならなおさら。ああ、この国とお別れ。もうしばらくは来られないんだなー。胸にジーンとくる人もいることだろう。私の場合はどうだったろう。最終日というよりも、後半あたりから、殊勝な心情となることが多かった。

——みんな、それぞれに働き、生きているんだ。旅行にばかり現《うつつ》を抜かしていてはいけない。よーし、働くぞ〜。日本へ帰ったら、一生懸命仕事に精を出そう。

なぜなのか皆目不明。いつだってこうだった。

日本へ戻り、別人のような健気《けなげ》さで仕事に励むのは一か月くらい。すぐ、アフリカが、そしてイタリアが恋しくなって「次の旅」を計画する。

思えば、そんな繰り返しの若き日の旅だった。

現在はイタリア暮らし。他国への旅に出ると、三日目あたりから恋しくなる。いえね、「胃袋が」なのです。

たとえば、フランスに出かけると、クリーミーなソース、その他の料理がヘヴィーになる。

かつて毎朝幸せを感じていた焼きたてのバゲットも、一日、二日と食べていれば充分。「味気ないくらいに素朴なイタリアのパンがなつかしい」となってしまう。

英国……。ハァ。食に関しては、思い出さないほうがいい。今年の春のロンドンでは、あまりにも口に合わない英国料理で久々にお腹をこわしたほど。コーヒーの味にいたるや、「イタリアって天国！」とのみ書いておきましょう。

和食はいい。日本へ帰ると、真っ先にお寿司を食べていた。昨今は納豆。ひとりで二、三箱たいらげる。冷ややっこやモズク、キンピラゴボウ、などというのもいいな。今すぐ飛んで行きたくなる。

が、和食ばかり続くと悲惨。いくら食べても空腹感のみ残ってしまう。お腹がすきすぎて眠れなくなることさえ出てくるのだ。イタリアンが食べたい！　しかもホームメイドのイタめしが、となってしまう。

そんなわけで、旅の最終日はイタリア食のことで思いがいっぱい。さまざまなトラブル、やっかいなできごとだって待っているのはイタリアとて同じだけど、自然、顔がほころんでくる。「トマトソースのパスタを食べよう。細めのスパゲティがいいな」と考えただけでニヤニヤ。旅の最終の夜だって、メランコリーな余韻が生じてこない。つくづくロマンに欠けた人間なんだと感じてしまう。

倫子さん夫妻のさいごの夜は、ローマ市内のレストラン。地下鉄バルベリーニ駅から三分の店にした。「家庭的なローマ料理の店」というキャッチに注目。どんな特徴があるのかトライしてみたかったそうだ。

その前に、テルミニ駅で翌朝の出発状況をチェック。空港行きの列車の発着場所、そして時間を調べる。なんという余裕。準備万端。すっかりイタリアの旅慣れ人間となったふたりです。テルミニ駅は広い。ミラノの中央駅に劣らないほどのホーム数もある。空港への直行列車を聞き当たる。駅の入り口からはるか離れたホームだった。数百メートルは歩かなければならない。よかった！　当日に知ったのでは焦ってしまう。

——こういうことまで書いてくれないでしょ、ガイドブックって。イタリアを発つさいごになってなにか起きたんじゃタイヘン。自分の目で確かめておくに限るって実感したわ。

成田エクスプレスと違い座席指定は不要なことも確認。時刻、オーケー。メモもしました。ヤレヤレ。ホテルへ戻ると、さすがにヘトヘト。バッタリとベッドにひっくり返ったふたりでした。

気がつくともう夜の八時。さいごの夜だ。食べるぞー。

これでこそ我が友人。さいごまで本場の食を追求しつくすエネルギーにエールを送っちゃう。これでなくっちゃ、イタリアの旅は！

勇んで出かけたレストランながら、日本語のメニューを渡されてギャフン。選択肢が少なすぎる。正規のメニューと違っているようだ。お昼にパスしたツーリスト相手の店と同じ。こういうのは悔しい。「英語かイタリア語のメニュー、いただけますか」と頼む。やっと満足のメニューが登場。

読むぞー。がんばって読解してみせる！　でも、時間かかるの。ちょっと待っててね。ワインを飲みながら読み入った。

さいごの夜だ。エーイ、とバルバルスコを一本注文。さすがに美味。そのせいもあってか、メニューのセレクトもスムーズに進んだ。

アーティチョークのローマ風料理と、フライの盛りあわせ。ズッキーニの花、茸、ポテト、ツナと挽肉とオリーブのみじん切りをあわせたポルペッタ（ミートボール）。大きな白い皿にゴロゴロッ。無造作な盛りつけだけど、いかにもの家庭料理ムード。オリーブオイルでカラッと揚げてあった。サクサク、ホクホク、どれもおいしい。「マンマの精進揚げみたいだな」とうれしくなる。

これが前菜。ワイン飲みつつパクつくふたり。やがて、店のおじさんを呼び、こう伝える。

——このフライ、すっごくおいしい！　ズッキーニの花なんか、やたら味わい深くて気にいっちゃった。

プリモに「アリオ・オーリオ」のスパゲティ、メインはこれ、これ、これですね。ローマ風サルティンボッカ。そして、スカモルツァチーズのグリルを注文。ややコワ面《もて》だったオジさん、ニッコリ。メニューをバタンと閉じて、「べーネ　べーネ！（よろしい、よろしい！）」。満足気な表情で消えて行った。

さいごのさいごまで、おいしく楽しくすごしたイタリア。感傷にふける間もないほどにときめきに満ちた夜だった様子。食への好奇心、人とのふれあい魂があれば、この国はいつもやさしい。ローマは、そしてイタリアの旅は永遠なのだ。

前日チェックのかいあって、ごくスムーズに空港着。チェックインをすませ、これで安心！

――おいしいもの、本当にいっぱい食べたね。楽しかったねー。

そう告げたとたん、空腹を感じた倫子さん。そうだ。朝食をとっていなかった。ホテルを早く出たために、おあずけのままだった。

すっかり騎士ムードの健一さんに、プリンチペッサ（お姫さま）はお願いした。

――セルフサービスのとこにあるブルスケッタ、買ってきてくれる？　私、テーブルで荷物を見ながら待ってるから。茸のがいいなー。

はいはい、シニョーラ。

戻った騎士の手にあったのは、満艦飾のブルスケッタ。「どうしたの？」「店のおねえさん、みんなのせてくれちゃったみたい」。ガハハハ。大爆笑。いいかげんだよねー。親切だよねー。やっぱりイタリアだよねー。

ブルスケッタを口にしながら、倫子さんは思った。「楽しかったな。いろんなことがあった。みんなとても親切だった。笑ったね、心の底から」。すると、健一さんがポツリ。「また来なくちゃね」。「うん」。

素直に答えた倫子さんの目には、たぶん、またお星さま。これがイタリアの旅なのです。

あとがき

「旅をしないうちに、その旅について誰かに話をしようとしてもできないだろう。せいぜいできることは、旅をするつもりだと言うていどだ。もし最初から、自分を待っているものが何であるか一部始終わかっているなら、けっして出発はしないだろう」。

これは、イタリアを代表する映画監督フェデリコ・フェリーニの発言です。

そのとおりだと実感します。ことに、「ヨーロッパへは行かない」と言い張っていた日本男児、健一さんのイタリアの旅を思うとなおさらです。

食べて飲んで、歩いてしゃべって、笑ってすごした十日間。イタリアを発つ直前の空港で発した彼のひとことに胸が熱くなる私です。「また来なくちゃね」。

これだけで、もう充分！　イタリアの旅に誘ってよかった、と幸せになります。

倫子さんと健一さん夫妻の旅をとおして、たくさんのことを伝えてもらった気がしてなりません。十数年間暮らしている私でさえも気がつかなかった感動も教わった思いです。

イタリアとはこういう国。初めて訪れる人にだってとてもやさしい。いいえ、むしろ、初めての旅人こそ「ヴェンベヌート！（ようこそ！）」のハートで迎えてくれます。

もう、なにも添えることはないでしょう。ふたりの旅がイタリアの旅の魅力を披露してくれたと信じます。

この一冊がちょっとしたきっかけとなり、「イタリアへ行ってみよう」となれば、どんなにうれしいことでしょう。「そんなこともあるのか。また旅行してみよう」のリピートにつながればなおさらのことです。

人生はなにごとも体験してみなければわからない。旅もまた同じこと。イタリアの旅ならさらにそうです。初めての人でも、リピーターのあなただって、「また来なくちゃね」となるに違いありません。

本書を記すチャンスを与えてくれた倫子さん、健一さん夫妻に心からの感謝を送りつつ、また繰り返します。

ぜひともイタリアへ！

二〇〇一年八月

タカコ・半沢・メロジー

(http://www.confeito.com/takako/)

知恵の森文庫

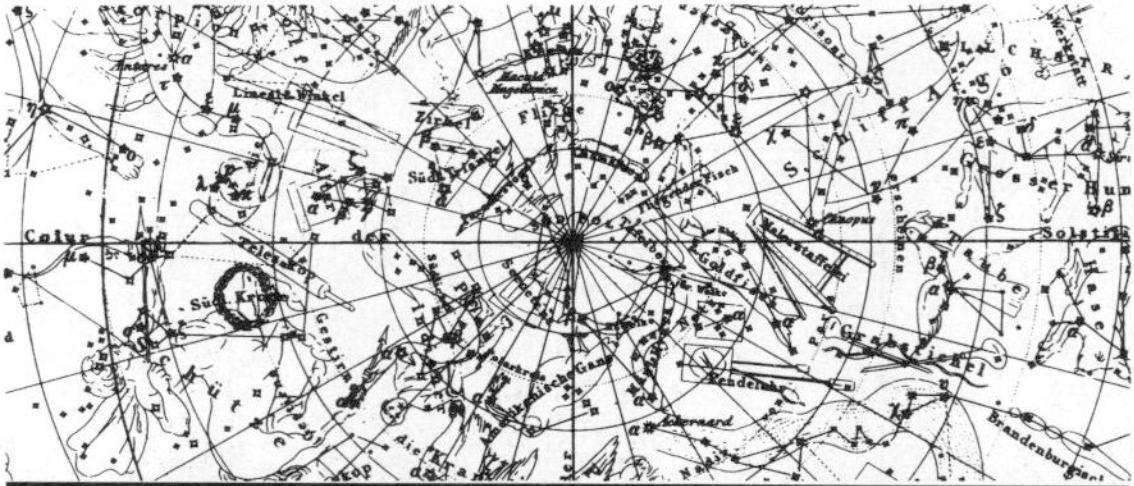

イタリアのすっごく楽《たの》しい旅《たび》 はじめてでも、リピーターでも

タカコ・半沢《はんざわ》・メロジー

2001年10月15日 初版1刷発行

発行者—松下厚
印刷所—堀内印刷
製本所—関川製本
発行所—株式会社光文社
〒112-8011 東京都文京区音羽1-16-6
電話 編集部(03)5395-8282
販売部(03)5395-8113
業務部(03)5395-8125
振替 00160-3-115347

© takako HANZAWA MEROSI 2001
落丁本・乱丁本は業務部でお取替えいたします。
ISBN4-334-78123-3 Printed in Japan

Ⓡ本書の全部または一部を無断で複写複製(コピー)することは、著作権法上での例外を除き、禁じられています。本書からの複写を希望される場合は、日本複写権センター(03-3401-2382)にご連絡ください。

お願い

この本をお読みになって、どんな感想をもたれましたか。「読後の感想」を編集部あてに、お送りください。また最近では、どんな本をお読みになりましたか。これから、どういう本をご希望ですか。どの本にも誤植がないようにつとめておりますが、もしお気づきの点がございましたら、お教えください。ご職業、ご年齢などもお書きそえいただければ幸いです。

東京都文京区音羽一・一六・六
(〒112-8011)
光文社〈知恵の森文庫〉編集部
e-mail:chie@kobunsha.com